特別支援教育時代の体育・スポーツ

動きを引き出す教材 **80**

後藤邦夫 編

大修館書店

はじめに

「特別支援教育になって」

特殊教育から特別支援教育へ制度が変更され9年目となる。学習指導要領が約10年ごとに改訂されることから新制度の検証時期となるが、教育現場から聞かれるのは対象となる児童生徒の多様化、障害の重度・重複化と新しい教育制度に対応するための試行錯誤の現状である。教育の現場には学校ごとにさまざまな教育・研究成果や開発された教材が蓄積されているが、それらの情報は有機的な共有がなされていない。このような背景から、特別支援教育の理念を再確認し、体育の方向性を示し、教育現場で応用できる具体的な方法について解説するテキストを整備すべきであると考えた。

　特別支援教育制度への転換は、「障害のある児童生徒をめぐる最近の動向として、障害の重度・重複化や多様化、発達障害のある児童生徒への対応、早期からの教育的対応に関する要望の高まり、高等部への進学率の上昇、卒業後の進路の多様化、障害者の自立と社会参加の促進」という2005（平成17）年の中央教育審議会答申を受け、児童生徒のニーズに対応するという考えのもとに学校教育法等が改正されたことによる。その結果、従来の盲・聾・養護学校の制度は複数の障害種を受け入れることができる特別支援学校の制度に転換された。このことは、従来は原則的に単一の障害種で構成されていた学校に、さまざまな障害のある児童生徒が在籍可能となったことを示しており、特別支援学校の約20％がそれに該当（文部科学省、2013）する。また、特別支援教育にかかわる教員も障害種の異なる学校への異動が一般的となり、障害の特性に応じた児童生徒に対する配慮や工夫、指導上の留意点等について新たに学ぶ必要性が高まっている。一方、小中学校等においても特別支援教育を推進することが法律上明確に規定され、これに伴う関係法令整備の中で、障害のある児童生徒の就学先を決定する際には保護者の意見も聴くことが法令上義務づけられた。小中学校等では、特別支援学級における教育や通級による指導を行っている。特別支援学級とは、小中学校に置かれる障害に対応した教育を行う少人数の学級（8人を上限）であり、知的障害、肢体不自由、病弱・身体虚弱、弱視、難聴、言語障害、自閉症・情緒障害の学級がある。

　このように2007（平成19）年度に完全実施となった特別支援教育は、障害のある幼児および児童生徒の教育の基本的な考え方について、障害に対応して特別な場で教育を行う「特殊教育」から、通常の教育を含め一人一人のニーズに応じた適切な指導および必要な支援を行う「特別支援教育」に発展的に転換したものである。

　障害者の権利に関する条約が、第61回国連総会（2006年12月）において採択され、2008（平成20）年5月に発効した。また、日本もさまざまな国内法の整備（障害者基本法の改正、障害者差別解消法の制定）を行い、2014（平成26）年1月に障害者権利条約の批准が実現した。このことは、この法律で求めている教育現場における合理的配慮の提供についてより具体的に検討すべきことを示している。従前より通常の小中学校や高等学校にはさまざまな障害のある児童生徒が在学しており、保健体育を担当する教員にはアダプテッド体育（Adapted Physical Education：APE）の視点をもちつつ、インクルーシブ教育を実践することが求められてきたが、今後より一層必要になろう。しかしながら、現状では保健体育教員免許を取得する段階でAPEに関する科目は必修ではない。また、特別支援教育に関する免許

を取得する場合でも、APEについて学ぶ機会は設けられていない。そこで本書では、特別支援教育の理念と基本的な考え方に基づき、一人一人のニーズに応じた体育指導を実践するために、体育・スポーツという視点から配慮や工夫、指導上の留意点について説明する。

　特別支援教育の対象となる幼児および児童生徒の障害については、視覚障害、聴覚障害、知的障害、肢体不自由、病弱と発達障害等である。2012（平成24）年に改正された障害者基本法では、「障害者」を身体障害、知的障害、精神障害（発達障害を含む）その他の心身の機能の障害がある者であって、障害および社会的障壁により継続的に日常生活または社会生活に相当な制限を受ける状態にあるものと定義している。つまり障害を、世界保健機関（WHO）が2001（平成13）年に採択した「国際生活機能分類 - 国際障害分類改訂版」（ICF）の考え方である社会モデルをもとに、「個人の特徴だけではなく、社会環境との相互作用から発生する」と捉えている。障害者の範囲については、身体障害者については身体障害者福祉法、精神障害者については精神保健および精神障害者福祉に関する法律において、発達障害者については発達障害者支援法においてそれぞれ定義がなされているが、知的障害者の定義規定はない。厚生労働省が実施した知的障害児（者）基礎調査においては「知的機能の障害が発達期（おおむね18歳まで）にあらわれ、日常生活に支障が生じているため、何らかの特別の援助を必要とする状態にあるもの」とし、これは「精神障害の診断と統計マニュアル」（Diagnostic and Statistical Manual of Mental Disorders：DSM）というアメリカ精神医学会の定めた基準とほぼ同様の考え方で概念化している。発達障害については、本来、文部科学省が従来用いてきた「LD、ADHD、高機能自閉症等」や知的障害、脳性麻痺等を含む広い障害領域のことばであるが、国民のわかりやすさや、他省庁との連携のしやすさ等の理由から、発達障害者支援法の定義による「発達障害」との表記に換える（2007〔平成19〕年3月15日に文部科学省初等中等教育局特別支援教育課）という方針を示した（注釈参照）ので、本書においてもその定義をもとに記述する。このように障害者の定義については、教育現場、行政、医学や研究領域等によってそれぞれ異なる視点が存在している。

　なお、「障害」という用語の表記方法については、「障碍」や「障がい」の使用も増えているが、法令や疾病の名称・分類では「障害」である。本書は、障害児体育の歴史や体育・スポーツ指導において障害のあることがどのように影響するのか、どのような留意点が必要なのかという幅広い視点で構成されている。そのため、法令や疾病の名称・分類とも密接に関連する内容が多いことから、あえて法令に基づく漢字表記である「障害」で統一することとした。特別支援教育制度においてその理念が共有され、このような断り書きがなくてもよい社会になることを期待する。

著者を代表して　齊藤まゆみ

※注釈
1．今後、当課（文部科学省初等中等教育局特別支援教育課）の文書で使用する用語については、原則として「発達障害」と表記する。
　　また、その用語の示す障害の範囲は、発達障害者支援法の定義による。
2．上記1の「発達障害」の範囲は、以前から「LD、ADHD、高機能自閉症等」と表現していた障害の範囲と比較すると、高機能のみならず自閉症全般を含むなどより広いものとなるが、高機能以外の自閉症者については、以前から、また今後とも特別支援教育の対象であることに変化はない。
3．上記により「発達障害」のある幼児および児童生徒は、通常の学級以外にも在籍することとなるが、当該幼児および児童生徒が、どの学校種、学級に就学すべきかについては、法令に基づき適切に判断されるべきものである。
4．「軽度発達障害」の表記は、その意味する範囲が必ずしも明確ではないこと等の理由から、今後当課においては原則として使用しない。
5．学術的な発達障害と行政政策上の発達障害とは一致しない。また、調査の対象等の正確さが求められる場合には、必要に応じて障害種を列記すること等を妨げるものではない。

目次

はじめに「**特別支援教育になって**」────── iii

第1章 特別支援教育時代の体育 ────── 1

1 障害児体育の歴史 ────── 2
［1］障害児体育の誕生
［2］大正デモクラシーと障害児体育
［3］戦後の障害児体育の発展
［4］最近の障害児学校体育の課題

2 特別支援教育時代に求められる障害の基礎知識と指導上の配慮事項 ────── 13

［1］**特別支援教育時代の体育の特徴**
① 特別支援教育時代における特徴と留意点
② 通常学級に在籍する気になる児童生徒への配慮の必要性

［2］**個別の障害に関する基礎知識と指導上の配慮事項**
① 知的障害
② 視覚障害
③ 聴覚障害
④ 肢体不自由
⑤ 病弱（運動制限のない病気　運動制限のある病気）
⑥ 発達障害

第2章 体育指導に活用できる教材 ────── 67

1 特別支援教育時代の体育教材に求められること ────── 68
［1］**体育教材の役割と教材づくり**
① 教材の役割
② 教材と教材づくり

［2］**よい教材づくりに求められること**
① 教材をつくる前の配慮
② 教材そのものへの配慮
③ 教材を使用する際の配慮

［3］さまざまな面からの工夫
① アダプテッド・スポーツからの工夫
② 動きを引き出すための工夫
③ 興味・関心をもたせる工夫
④ 身近な素材を利用する工夫

2 身近な素材を使った教材 ──── 76
教材シートの見方とアレンジ

［1］新聞紙で導き出せる動き　81
① 新聞輪くぐり　② 新聞島わたり　③ にんげんゴマ
④ 新聞棒押し引き相撲　⑤ 新聞ジャベリックスロー
⑥ 新聞棒風船ころがし　⑦ 新聞棒ラダージャンプ
⑧ 新聞棒バランスとり　⑨ 新聞棒とり　⑩ 新聞ハエたたき
⑪ 新聞玉いれ　⑫ 新聞ボッチャ　⑬ 新聞PK合戦
⑭ 新聞フレームボール

［2］風船で導き出せる動き　95
① 風船つき　② 風船投げ　③ 服でキャッチ
④ カラフルキャッチ　⑤ 風船をはさんで運ぶ
⑥ 風船を列になって運ぶ　⑦ 風船を落とさずゆっくり運ぶ
⑧ 風船シーツ運び　⑨ 風船棒運び　⑩ 風船ボウリング
⑪ 風船釣り　⑫ フーケットボール（風船でバスケットボール型ゲーム）
⑬ 風船落下傘キャッチ　⑭ 風船変化球バレー

［3］コンテナで導き出せる動き　109
① コンテナボウリング　② コンテナ太鼓
③ そぉーと運ぼう　④ ドボン　⑤ コンテナステップ
⑥ コンテナ島わたり　⑦ コンテナわたり　⑧ コンテナ昇降
⑨ 力持ちになろう　⑩ コンテナ押し相撲
⑪ バランスをとろう　⑫ コンテナ運び
⑬ コンテナストラックアウト　⑭ コンテナスローイン

［4］ペットボトルで導き出せる動き　123
① ペットボトルビンゴゲーム　② ペットボトルころがし
③ ペットボトルジャベリックスロー
④ ペットボトルクーゲルバーン　⑤ ペットボトルジャグリング
⑥ ペットボトルトーチⅠ　⑦ ペットボトルトーチⅡ
⑧ ペットボトルけん玉

⑨ ペットボトル野球　⑩ ペットボトルバトン
⑪ ペットボトルバランスとり　⑫ ペットボトルクロス引き
⑬ ペットボトル筋トレ　⑭ ふわふわ金魚

［5］ディスクで導き出せる動き　137
① ディスク近投　② ディスク的あて
③ ディスク輪通し　④ ディスクゴルフ
⑤ ディスク的いれ　⑥ ディスクキャッチ　⑦ ディスクボッチャ
⑧ ディスクシュート　⑨ ドッヂビー
⑩ ディスクリレー　⑪ ディスク遠投
⑫ ディスクころがし　⑬ ディスクストラックアウト
⑭ ディスクパス & キャッチ

［6］その他の素材で導き出せる動き　151
① Gボールで筋トレ　② コーンバーでバランスとり
③ シーツでボールキャッチ　④ タオルでキャッチ
⑤ トラロープでスロー&キャッチ　⑥ トラロープでいろいろ歩き
⑦ ブルーシートでいろいろジャンプ　⑧ 雨どいでボールバランス
⑨ 紅白玉でストラックアウト&バランス
⑩ ポリエチレン傘袋で的あて&ドッジボール

第3章　卒業後のスポーツライフの継続に向けた試み ─── 161

1　卒業後のスポーツライフ継続に向けて ─── 162
［1］スポーツライフ継続の必要性
［2］スポーツライフ継続の現状
［3］スポーツライフ継続・スポーツ実施の問題点
［4］問題解決に向けて

2　スポーツライフ継続に向けた取り組み事例 ─── 166
［1］大学での取り組み
［2］総合型地域スポーツクラブでの取り組み
［3］プロスポーツ組織での取り組み
［4］重度・重複障害児スポ・レク活動教室での取り組み

おわりに「特別支援教育時代の体育が目指すもの」 ─── 189

第1章 特別支援教育時代の体育

1 障害児体育の歴史

2 特別支援教育時代に求められる障害の基礎知識と指導上の配慮事項

1 障害児体育の歴史

［1］障害児体育の誕生

① 国策としての障害児教育の導入

　1872（明治5）年、殖産興業・富国強兵を国策とした明治維新政府は、その担い手である国民の教育水準を高めるため、国民皆学を目指した制度（学制）を発布した[19]。しかし、もともと子どもが貴重な労働力であったことに加え、当時徴兵制が施行され、さらに子どもの労働力に頼る比重が増したことや、授業料を納付せねばならないこと、税制の改正があり経済的な負担が増加したこと等が理由となり学制への反対の声は多く、就学率はそれほど高くなく、学校反対の暴動も起こった[15]といわれている。その後1886（明治19）年、文部省は小学校令を出し、その第3条に保護者に対し、子どもへの8年間の就学の義務を定め[20]、義務教育が公に設定された。国民皆学を目指し発布された先の学制には、障害のある人を総称した廃人という言葉を冠した学校「廃人学校」の存在が記されており[2]、学校制度の創設当初から障害児が通う学校を意識していたことがうかがわれる（廃人学校が設置された記録は無い）。また、この1886（明治19）年の小学校令第5条では、貧困家庭や疾病を有する子どもの就学猶予を府県知事に申請することによって認めている[20]。

　確かに計画倒れではあったが、維新政府の障害児教育実施の意図の背景には、江戸時代に障害児が寺子屋で教育を受けていた事実があったこと（乙竹岩造による村の古老に対する聞き取り調査において、江戸府内では調査対象の寺子屋の24％でなんらかの障害のある子どもが教育を受けていたという報告がある）や[24]、江戸時代末期に幕府あるいは各藩から諸外国に使節団として派遣・留学した者の障害児・者教育に関する報告書の存在、書物で海外の事情を知り、障害があっても教育次第では社会の中で活躍することができるという情報をもっていた時の有力者の存在が大きい。例えば、聴覚障害ではあったが、筆談でコミュニケーションをとれるまでに成長した弟がいた吉田松陰は、障害者を含む社会的弱者への対応を、軍費を削ってもすべきだと唱えており[1]、また、建設大臣、現在の国務大臣に相当する政府の要職に就き、東京大学工学部設立の祖でもある山尾庸三は「盲唖学校ヲ設立セラレンコトヲ乞フノ書」[16]を1871（明治4）年に太政官に提出し、その教育の必要性を説いている。

　このように有力者の後押しがあり、また、学制に障害児（廃人）学校の文言の記述があってもなお、指導者や教育手法、経費の問題ほかで実現には至らなかった廃人学校であったが、寺社や篤志家の援助を受け、1878（明治11）年、京都に試みとして仮盲唖院（後の京都盲唖院）が設立された[17]。尋常小学校の教員であった古河太四郎は、現在の町会長のような立場の知人から町内に生活する聴覚障害がある姉弟の教育依頼を受け、まったく人道的な思いから教育を始め、そ

れが前述した学校として位置づけられるようになった。ほとんど手がかりを持たない状況の中、手探りで指導法・教具を開発し、それを子どもたちに供した。彼の目標とする教育思想は、「自立の人」にあり、そのために身体活動・体育を重視する教育を実践した。まだ体操科すら十分な学習内容が示されていない当時において、古河は京都府の小学校規則に準じ、業間体操を設け（体操という科目は無かった）、子どもたちがそれを行うことによって障害から生じる運動不足や不良姿勢が引き起こすさまざまな疾病の予防が可能だと考えた。また運動が、残存する身体の諸機能を最大限に高め、そのことによって社会自立を図ることをねらった。古河の考案した教具を用いた授業は、現在でいう自立活動に分類される内容が多数を占めており、児童に身体活動への興味を喚起し、集団で楽しく身体を動かすことを知らしめるものであった。

例えば図1-1[3]は、視覚障害の子どものための教材で竹を組んで直線道を作り、竹に触れないように歩行道を真っ直ぐ歩行させるもので、歩行道の入り口はコースによって約1.4 m、1.2 m、1 mと徐々に狭く作られ、竹に触れると鈴が鳴る仕組みになっていた。言うまでもなく社会に出るためには独歩ができることが前提となるが、社会自立を目標に掲げたこの学校の目標達成に即した素晴らしい教材といえる。この直行練習場は、わが国初の視覚障害者のための歩行訓練場で、さらに歩行に関する教材として、図1-2のように、平面に草を渦巻き状に植えて一定の幅の道を作り、真東に面した入口から渦巻き状の道を外れないように歩き、「静止！」の号令を受けた子どもたちが止まった位置の顔はどの方向を向いているかを答えさせる方向感覚渦線場が創作され、方向感覚の育成を図っている[6]。このころ、任意の科目として通常の小学校では体操を教材として取り入れていたが、動きの習得が困難といわれていた視覚障害のある生徒に、図1-3のように棒を使った方法を用いて動きを身につけさせている[5]。この盲生体操と呼ばれた体操は、5人1組になり、全員が長い棒を左右の手で握る。先頭と最後尾には体操のできる子どもを配置し、棒を持つことによってこの子どもの動きがすべての子どもに伝わり、動きの習得が可能という仕組みとなっている。

聴覚障害のある生徒には、運動会の玉入れによく似た教材を創作している。通常、運動会の玉入れは赤と白の2色で二組に分かれ自陣の籠に入れた玉の多少を競う運動（競技）だが、この運動は三組に分かれ、籠を3つ用意し、それぞれが決められた色のボールを同色の籠に多く入れたチームが勝ちとなるもので[4]、3つの籠が1本の棒にセットされている（図1-4）。

同様に、籠を固定せず動く籠を目当てに玉を投げ入れる運動や、太鼓やバケツといった具体物が描かれたカードを引き、実物にボールをぶつける運動等、単語と運動を結び付け、言語の学習も兼ねた活動等を創作して子どもに用いていた。また、京都盲唖院では、視覚障害児には週6時間を体操に当て、学習内容は遊戯や普通体操、高等科においてはそれに器械体操や柔軟体操を加え、聴覚障害児にもほぼ同様な内容で授業が行われていた。上記の玉入れや歩行は遊戯の領域で扱われ、後に美容体操という名称の姿勢の矯正を目指した体操も組み込まれている。1890（明治23）年、石川倉治による日本点字の発明で記録媒体が生まれ、これまで記憶に頼っていた視覚障害教育は大きく前進し、さらに1900（明治33）年の改正小学校令において、小学校に類する各種学校（幼稚園、図書館、盲唖学校等）を小学校に付設することが法的に認められ、障害

図1-1　直行練習場

図1-2　方向感覚渦線場

図1-3　盲生体操

図1-4　龍門の遊び

児学校数は増加した。なおこの年、小学校において体操が必修となり、これまで一部の学校でしか行われなかった体操が盲唖学校でも学ばれるようになった。しかし、学校の設置基準では、学校の面積は生徒数によって決まってくるので、生徒数の少なかった当時の障害児学校の多くは規模が小さく、大きめの民家といっても過言でなく、多くは運動場も狭隘であった。

　京都盲唖院に端を発した障害児学校教育に続き、翌1879（明治12）年に大阪師範学校附属として大阪模範盲唖院、1880（明治13）年には東京築地に楽善会訓盲院が設立された。この築地の訓盲院と京都盲唖院がその後の視覚・聴覚障害児教育の中核となって活動するのだが、全国的に視覚・聴覚障害児学校が設立されるのは、さらに時間が必要であった。

② 障害児学校の普及と盲聾分離の実現

　1907（明治40）年、師範学校規定の改正に伴い[21]、文部省は師範学校の近隣の学校を附属として扱うこと（教育実習場所の確保と思われる）や、師範学校附属小学校において、なるべく盲人唖人または心身の発育不全なる児童に対する教育の攻究を図ることを求め、障害児の教育手法の研究は進んだ。1909（明治42）年、かねてより関係者から要望のあった盲聾教育分離が一部実現し、東京盲学校が設立され、翌1910（明治43）年には東京盲唖学校が廃止され、東京聾唖学校となった。そして1923（大正12）年に文部省は盲学校および聾学校令を発し、これによって盲学校と聾学校を完全に分離したが、その教育目標は「彼らに普通教育を施し生活に必須な特殊な知識技能を授ける」[18]と定めた共通のものであった。

[2] 大正デモクラシーと障害児体育

① 大正末期から昭和初期における障害児体育の動向

　大正時代になると、大正デモクラシーといわれる社会の流れの中で、これまでの「社会自立」一辺倒の教育目標から人格陶冶といった目標も加わり、盲学校や聾学校では課外活動が盛んになった。課外活動の内容には、研究・芸術の発表やスポーツがあった。課外活動はやがて生徒の自主的な活動から学校主体の活動に衣替えをし、臨海学校や登山等の活動が生まれた。先に記した 1923（大正 12）年の盲学校および聾唖学校令において、道・県に盲学校や聾学校の設置を義務づけ、これらの教育が公教育として正式に位置づけられた[22]。その結果、自治体の中で、私立盲・聾学校を吸収して公立にするところが現れ、盲学校、聾学校の分化が進み児童生徒数が増加していった。1925（大正 14）年、点字大阪毎日主催、帝国盲教育会近畿部後援で、当時世界でも類を見ない視覚障害者のみを対象とした第 1 回関西盲学生体育大会が大阪市立盲学校で開催され[8]、1928（昭和 3）年には全日本盲学校体育大会へ発展していった。この結果、鉄線走や円周走といった大会で行われた運動（種目）が学校体育でも取り上げられるようになった。また、この大会活性化に伴い、運動場の拡充や施設設備の改善等も試みられたが、なかなか意図どおりには至らなかった[7]。このように大正末期から昭和初期にかけて盛んになった障害のある人たちのスポーツであったが、太平洋戦争の勃発とともに衰退し、1941（昭和 16）年には姿を消し、障害児学校にも行進と武道が導入され体操も兵式体操が中心となった。

② 知的障害児の体育

　知的障害のある子どもたちの教育が誕生した背景には、(1) 都市部に人口が集まり、同時に就学率の向上による学級編制上の問題が生じたこと、(2) 課程制であった当時、成績不良で進級できない（原級留め置き）の子どもの存在が顕在化したこと、(3) 先に記した 1907（明治 40）年の「文部省令 6 号」で師範学校附属小学校はなるべく心身の発育不全の子どもの教育に着手することが求められたことがあった[25]。

　このような背景から 1890（明治 23）年、長野県松本尋常小学校に落第生学級が設けられた。しかし、その名称、性格から児童も教師も嫌がり、4 年で閉鎖された。だがこの試みは、1896（明治 29）年長野市に「晩熟成学級」として受け継がれた。この特別学級は学力向上が主たる目的であったため、算術、綴り方、漢字の書き取りといった進級に必要な科目のみが指導され、体操や唱歌、図画等の科目は一切指導されなかった[10]。

　この長野県の学力促進を目指した特別学級の流れとは別に、1910（明治 43）年、東京高等師範学校附属小学校に設けられた補助学級は、近隣の小学校において精神、身体共に著しく劣弱で、原級に留め置かれてもなお教育効果の期待ができない、いわゆる「低能児」と呼ばれる児童を集め、目的を学力向上ではなく社会自立に置き、主たる学科は国語、算術、手工、唱歌、体操とし、なかでも体操に力を注いだ[11]。指導の内容は大きく、次の四つの領域に分けられ、指導がなされた[12]。

- **大筋肉を盛んにする運動** …… 綱引き、駆け足競走、旗とり鬼ごっこ
- **面白い運動** …………………… 自由遊戯、唱歌を歌いながらの運動
- **心力を養う運動** ……………… 玉投げ、ボール落とし、擬戦、バスケットボール、おはじき
- **簡易な体操** …………………… 普通児に課するもののうち最も簡便なもの

　全国の師範学校を統括する性格をもつ東京高等師範学校の附属小学校が始めた教育で、以降、各地の師範学校附属小学校数校に波及し知的障害児の教育が広がりをみせた。しかし、師範学校附属小学校はいわばエリートを養成する学校であったので、その後、障害児教育から手を引く学校もあり、多くの知的障害のある子どもの就学は実現されることが無かった。また、就学猶予あるいは免除の扱いを受けた子どもたちの受け皿として居住型の福祉施設があったが、滝野川学園[9]、藤倉学園では健康の保持、残存能力の開発を目的とした独自の身体教育が行われ、体育的活動が存在した。

③ 肢体不自由児の体育

　肢体不自由児の学校教育は 1932（昭和 7）年、東京市の光明養護学校設立が最初であるが、それ以前に柏倉松蔵によって 1921（大正 10）年、小石川に設立された私立学校のような形態の柏学園が存在する。体操教師であった柏倉は医療体操に興味をもち、東京大学の整形外科でそれを学ぶ中、同大学整形外科医田代の支援を受けて柏学園を創設する。園の目標は「小学校に準ずる教育を施し、適当なる場合は整形外科的治療を加え、幾分なりともその不便を取り除き、進んで職業教育を授け、将来独立して生業に従事せしむる」[13]とあり、通常の教科学習（体操は治療体操）に加え、マッサージ、手工と称した治療的職業訓練をカリキュラムに位置づけている。柏学園に遅れること 10 余年、光明養護学校が設立されたが、わが国が敗戦を迎え新しく教育体系が変わるまで、唯一の肢体不自由児対象の学校であった。教育は「普通教育、職業教育、身体矯正および治療」からなり、矯正体操科といった名称の授業では、各個人の疾病に併せた治療的運動が、マッサージ室、ギプス室、太陽燈室、日光浴室、矯正体操室で行われていた。なお、体操の指導内容については、東京大学整形外科の医師と綿密な連携を取り、また医局の看護士の支援を受けながら行っていた。

④ 病虚弱児の体育

　1889（明治 22）年、三重県立師範学校の生徒が、試みに学校を離れ、山里の清涼な空気の下で転地教育を受けたことが最初といわれている。その結果、クラスに半数以上在籍した脚気の生徒が快癒したとの記録があるが、虚弱児のみを対象とした最初の教育は 1912（大正元）年に香川県高松市 4 番町小学校が実施した栗林公園内の避暑保養所と称した休暇村で、通学式のこの保養所は保護者主催の事業であったが、教師が指導にかかわり、散歩、遊戯、体操等を行い滋養価の高い食品を供し、『体質薄弱なる児童を、林間もしくは海浜に避暑せしめて健康の増進を図り、併せて善良なる習慣を養わしむ』ために行ったといわれている。その後、日本赤十字社がこの高

松方式を模倣し、同様な休暇村を国内数ヵ所に設け、運動、栄養、休養の三要素を柱とした虚弱児に対する結核予防の方策として運営をしているが、そこにおける体育は散歩、体操、遊戯、遠足等を内容とし、漸増性負荷、個別指導、良好な衛生習慣の確立といった点に配慮をし、具体的には徒手体操、乾布摩擦、深呼吸、散歩、遠足等が体操科の内容であった[14]。

[3] 戦後の障害児体育の発展

① 米国教育使節団の答申とその影響

　1945（昭和20）年、終戦を迎え、わが国は連合軍の占領下に置かれ、戦前の政治、経済、教育ほかの領域でさまざまな改革が行われた。教育の分野では、1946（昭和21）年に米国より教育使節団が来日し、日本の教育関係者と面談あるいは学校の視察等を通して報告書を作成、占領軍総司令部に提出し帰国した。障害児教育の分野では、同年に結成された全国聾学校教職員連盟の代表が米国教育使節団と会合をもち、障害児学校の義務制の実施を強く訴えた。その結果、使節団答申の内容[23]が、1946（昭和21）年に作成された日本国憲法の下位法として作成された教育基本法・学校教育法に反映され、盲学校、聾学校等の障害児学校の制度化とその義務化が1948（昭和23）年度より学年進行で実現した。しかし、知的・肢体不自由・病虚弱養護学校に関しては、義務制実施時期が決められていなかったため、実現は1979（昭和54）年まで遅れることとなった。経済的に余裕のある自治体は国に先んじて養護学校を設け障害児の教育に当たったが、その数は極めて少なかった。その間学校に行くことが叶わなかった障害児は、通常の学校内に設置された障害児のための特別クラス（特殊学級）で学んだ。設置数の少ない養護学校や特殊学級で学ぶことができなかった大多数の子どもたちは、就学猶予あるいは免除という扱いとなり、家族と共に時間を過ごすか、児童通園施設と呼ばれる福祉施設に週数回通うか、居住型の福祉施設で過ごした。1979（昭和54）年、養護学校の完全義務化に伴い学校が設置され、養護学校在籍の児童生徒数はその年の前後から激増していった。他方、盲学校、聾学校ではそれぞれ1959（昭和34）年の10,264人、20,744人をピークに在籍児童生徒数は減少し続け、現在も継続して減少している。全障害児在籍数は増加し続けているが、前述したように感覚器障害児数は減少し続けているので、障害児数の増加は養護学校の児童生徒数の増加によるものといえる（文部科学省発表の特別支援教育在学者数の推移をみると、2007（平成19）年から感覚器の障害児童生徒数は増加をしている。特別支援教育への転換に伴う教育内容の変化による増加がその要因と想像できなくもない。しかし、障害児の増加はそれなりの疫学的根拠が必要であり、障害児数の増加を生じさせる疾病や事故が多発した記録が無いので、この数の増加は特別支援教育に伴って感覚器とその他の障害を合併してつくられた学校［例えば、視覚障害児と知的障害児が同一校に併存している場合など］の在籍児童生徒数を重複して数えていることに起因すると考えることが妥当であろう）。この感覚器障害児学校の在籍児童生徒数の減少は、後の彼ら彼女らの体育の指導に大きな問題を生じる結果となった。

　前述のように、法的に義務教育が保障された障害児教育ではあったが、学習の内容は学校教

育法で定められた「準ずる教育」とあるのみで、文部省がかかわる全国的な学習内容の統一をみなかった。そこで、1949（昭和24）年、文部省が設置した盲・聾学校教育課程研究協議会の作業を経て、1958（昭和33）年、「盲学校および聾学校学習指導要領小学部・中学部学習指導要領一般編」が作成され、学習内容の全国的な統一をみ、その後の小学校・中学校の学習指導要領の改訂に伴い、障害児学校の学習指導要領も改訂されていった。養護学校では1963（昭和38）年に、各障害種の小学部編が、翌年中学部編が制定され、文部事務次官通達されている。

② 聴覚障害児の体育・スポーツ

　新教育法下の施行規則において定められた学習内容を表す教科名では、戦前の「体操」や「教練」を「体育」と改め、内容では偏りなく発達を促すこと、児童生徒の障害に配慮しつつ指導すること、教材・教具に工夫を加えること等を求めていた。しかし、多くの障害児学校で体育を修めた教員が不足し、体育の指導は活発に行われたとはいえなかった。このような状況の中で、聾学校では体育におけるスポーツ教材の学習を通し、課外活動が徐々に活発になり、校内の大会が催されるようになり、生徒の運動意欲が触発されていった。校内の大会は地区の大会に発展し、近畿地区大会を皮切りに、東北、中国、関東それぞれの地区の大会がもたれるようになり、現在に至っている。競技大会の発展は体育にスポーツ教材の導入をもたらし、また、カリキュラムや身体面の研究に関する教員間の交流を促す結果となった。

③ 視覚障害児の体育・スポーツ

　盲学校においても、体育の教育環境は聾学校とほぼ同様な経過をたどっているが、聾学校と異なり、伝統的に続いていた陸上競技大会や野球大会の全国大会が中止となった。それに代わるスポーツとして、サウンドテーブルテニス（当時は「盲人卓球」と呼称）やフロアーバレーボール（当時は「盲人バレー」と呼称）が開発され、従来男子が主であった視覚障害者スポーツに、女子が参加しやすいスポーツが生まれた。その後、1964（昭和39）年、東京オリンピック後に開催された国際ストーク・マンデビル大会（東京パラリンピック）での障害のある競技者を目の当たりにした行政の担当者たちは、スポーツの効用を実感し、リハビリテーションの成果発表の場として、1965（昭和40）年から「全国身体障害者スポーツ大会」という名称で、国民体育大会後に身体に障害のある人のスポーツ大会の開催に乗り出した。この大会が国内の障害のある人のスポーツ振興の起爆剤となり、視覚障害者体育にスポーツ教材の開発・導入を促した。現在この大会は、2001（平成13）年より知的障害のある選手も包含し、さらに精神障害の選手も加わった大会となっている。ここで行われる競技や、パラリンピック競技種目も視覚障害の人の体育の学習内容に取り入れられており、課外活動として取り組む学校も現れ、学校が視覚障害のあるトップアスリート選手の供給場所の一つとなっている。

④ 知的障害児の体育・スポーツ

　養護学校（知的障害・肢体不自由・病虚弱）対象の児童生徒たちの教育は、1979（昭和54）

年に完全義務制となったが、就学時期に就学指導という名の進路の振り分けが行われ、障害が軽度と認定された児童生徒は特殊学級に、障害が中度・重度と認定された児童生徒は養護学校へ就学するように指導がなされていた。

　特殊学級在籍の子どもは、体育や音楽あるいは体育的行事が通常の学級との統合授業に取り組みやすいと考えられていたため、それらの活動は障害のない子どもと一緒に通常の教育課程に沿って学ぶ例が多かった。

　その一方で、養護学校では、子どもの実態に沿った体育が行われていたが、教育目標の柱の一つに就労が挙げられていたため、時の国の経済的な動向の影響を受け、1960（昭和35）年から70（昭和45）年にかけては労働力の供給が求められていた関係上、就労をイメージした体力づくりをねらった体育や体育的活動を実施した学校が多かった。1971（昭和46）年、新学習指導要領が公布され、特殊教育諸学校では養護・訓練（現在の自立活動とほぼ同じ）という名称の領域が新設され（その内容は、心身の適応、感覚機能の向上、運動機能の向上、意思の伝達）、社会自立を目指した児童生徒の障害の改善・克服のための学習が始まった。障害の重い子どもにとって、体育活動は自ずと自らの日常生活の自立を目指す内容となるため、この領域と体育との領域がはっきりせず、多くの学校の教育現場に混乱がみられた。

　1982（昭和57）年、アメリカに本部を置くスペシャルオリンピックス（Special Olympics）という組織の日本支部（ジャパンスペシャルオリンピック委員会：JSOC）が神奈川県鎌倉市に誕生した。知的障害のある人を対象としたこのスポーツムーブメントは、世界大会を開催しており、その派遣のための国内大会を開催するようになった。そこで、一気に知的障害のある人の競技スポーツブームが起こり、体育の授業でもスポーツ教材が多く取り上げられようになった。また、課外活動でスポーツクラブが誕生し、卒業生を交えたクラブも育っていった。JSOCは数回の全国大会を開催したが、その後、活動が停滞し、1992（平成4）年、その後を受け継いだ厚生省と都道府県が主催する全国知的障害者スポーツ大会（愛称は「ゆうあいピック」）が誕生し、知的障害のある人の競技スポーツの発展が加速した。その結果、競技団体が誕生し、日本選手権の開催、国際競技大会への選手派遣、パラリンピック出場といった活動もみられるようになった。スペシャルオリンピックスはこの流れとは別に、熊本を本拠地にして再生され、4年に1度の全国大会を開催し、世界選手権にも選手を派遣している。それゆえ、知的障害のある人のスポーツは、パラリンピックとスペシャルオリンピックスという流れの異なる活動があり、概括して述べれば、ハイパフォーマンスの選手はパラリンピックへ、参加型の大会に出場希望する選手はスペシャルオリンピックスへという住み分けがなされている。

⑤ 肢体不自由児の体育・スポーツ

　1960（昭和35）年に16校であった肢体不自由養護学校は10年間で98校に増え、就学児童が大幅に増加した。それに伴い、補助具を使いながら自力で移動できる子ども、車いす使用の子ども、常時医師との連携や介助者の補助が必須の子ども等、入学児・者の障害の多様化・重度化といった状況の中、体育の学習内容も活動の幅の大きなものとなった。発達保障という考えを

土台に置き、個に合わせた教具を開発して行う学習と、介助者と共に集団で行う活動をミックスさせながら体育が行われてきたが、体育という教科を置かない学校も多く存在し、また、自立活動のみといった学校も存在し、混乱期が続いた。

　現在、入学してくる児童生徒の肢体不自由の原因となる疾患としては、脳性麻痺が多数を占め、知的な障害を合併している子どもが在籍者の半数以上にのぼることや、経管栄養や導尿といった医療的ケアの必要な子どもも増える傾向にあるため、体育の指導により専門的な知識が必要となり、そのことも体育という教科の進め方に問題を投げかけている。他方、関係者の努力で、車いすで自力移動が可能な移動能力の高い子どもたちは、障害にアダプトさせたルールや用具が開発され、多岐にわたった教材に親しめるようになった。近年、このような状況下でも、移動能力のあまり高くない電動車いす使用の児童生徒たちのために、ボッチャ、電動車椅子サッカー等の競技が学校で盛んになりつつあり、これらの競技の中には全国規模の大会が開催されているものもある。

⑥ 病虚弱児の体育・スポーツ

　終戦後、結核性虚弱、栄養失調等で特別学級に在籍していた子どもたちであったが、1962（昭和37）年の学校教育法施行令の一部改正によって、教育対象が慢性の胸部疾患、心臓疾患、腎臓疾患等の状態が6ヵ月以上の医療または生活制限の必要な者と定められ、病虚弱にかかわる判断基準が明確化された。このような生理的特徴をもった子どもたちが対象であるので、体育も免除、制限される児童生徒も多かったが、疾病の克服を目指し、病状の程度に即した指導、時間数の軽減等に配慮しながら戸外活動等を取り入れた授業が行われてきた。学校教育法での規定はあるものの、最近は従来の病虚弱の概念とは相容れない摂食障害、気分障害、自閉症スペクトラム等入学者の疾病原因が多様化し、体育の在り方も在籍者に合わせた学習内容が必要とされ、保健体育教員は多様な教材の開発等が求められている。

［4］最近の障害児学校体育の課題

　文部科学省（以下、「文科省」という。）は2007（平成19）年、これまでの障害種と障害の程度によって就学先を決めていた「特殊教育」から、幼児および児童生徒一人一人の教育的ニーズを把握し、そのもてる力を高めて生活や学習上の困難を改善または克服することを目指した「特別支援教育」へと教育制度を転換した。従来、障害に合わせて盲・聾学校、知的・肢体不自由・病弱養護学校を設けて、対応する児童生徒の就学先を決めていたが、一人一人の教育的ニーズに応える教育へと変換したため、従来教育委員会が設けた就学指導委員会による比較的保護者の意見の通りにくかった就学判定制度から、新たな法律の下で保護者や関わる方々の考え方を基本にした、本人のニーズに最も適していると思われる学校に進学することができるようになった。そのため、学校名も特定の障害種を対象とした盲・聾・養護学校から特別支援学校という名称に変更して障害種別の学校ではなくなったが（実際はまだ、対象とする児童生徒を従来の学校の教育対象と同一としている学校が多く、主として対応する障害は決まっている学校が多い）、そのことに

よっていくつか問題が出てきている。例えば、現在、知的障害と肢体不自由の児童生徒が同じ校舎（キャンパス）で学ぶ学校は100校を超えているが、実態は同じ場所に学校が2つあるようなもので、日常の学習の場所や遠足、体育祭等において共に席を並べて学んでいる学校は極めて少ない。経済的負担の軽減にはなるであろうが、教育的意味についての回答は出ていないといえる。

　また、増加し続けている障害児の在籍者数の内訳は、今まで特殊教育の対象ではなかった発達障害の児童生徒の増加といわれている。その指導法の研究や理解・支援に関する研究等は行われてはいるものの、従来と異なる多様な対応が必要なため、教育現場が十分に受け止めきれていない現状もみられる。さらに物理的な問題として、入学者数の増加によりどこの自治体でも特別支援学校の教室が足りず、特別教室を通常の教室に変えたり、プレハブを建てたり、校舎を新設したりすることによって急場をしのいでいるといわれている。その一方で前述したように、感覚器障害の児童生徒は減少をし続け、体育の授業は2つ以上の学年をひとまとめにした複式学級が当たり前で、その形態も小学校の1年～3年までと4年～6年までを統合する、小学部6年生を中学部と統合するほか、さまざまな形で行われている。

　視覚・聴覚の障害児を一緒に教育することによって始まったわが国の障害児教育であったが、教育技術や教育思想の変遷と共に障害を分離する方向に進み、そして最近再び、統合して教育が行われている。20世紀中頃からノーマライゼーション（normalization：正常化）の思想が世に問われ、その流れの中から、インテグレーション（Integration：統合）という考え方が誕生し、現在はインクルージョン（inclusion：包括）とさらに発展した考えとなって障害児教育の大きな柱となっている。このインクルージョンの考えの基本は、通常の発達をしている子どもが通う学校に、障害のある子どもをどのように教育に参加させていくかという課題が主であったが、この問題に取り組む中で、通常の学校に在籍する従来の障害児の枠に入らなかった子どもたちの問題が顕在化してきた。特に社会にうまく適応できず、法に触れた少年たちの存在が社会問題となったことをきっかけに、文科省が2002（平成14）年に全国5地域の1年生から6年生までの公立小学校と1年から3年までの公立中学校の通常の学級に在籍する児童生徒41,579人を対象として、複数の教員の評価による知的な発達の遅れがなく学級内で学習上特別な支援を要する児童生徒の数を調査した結果、学習面か行動面で著しい困難を示す児童生徒の割合は6.3％、学習面も行動面も著しい困難を示す児童生徒の数を1.2％と高い数値が出た結果、今まで特殊教育の対象でなかった子どもたちに特別な支援をしていくべきであるという結論が導かれたことも大きな理由となって、2006年より従来の障害種にとらわれない特別支援教育へと転換がなされた。当然のこととして、この数字には、おそらく神経学的な問題をもち、同年齢の子どもと同じ運動発達ができていない不器用な子どもたちも多数存在すると考えられ、特別支援教育となってから、体育のもつ課題は多様で複雑化した。特に、従来の知的障害養護学校在籍の子どもたちよりも運動能力が高く、かといって障害のない同年齢の子どもと同等にスポーツを享受できない子どもへの対応が大きな課題となった。

　スポーツが、ユネスコの体育・スポーツ憲章やその内容を基本において設けられたわが国のスポーツ法においても、すべての人間がもっている権利であるとしているが、もしインクルージョ

ンされた体育授業が障害のある子どもにもない子どもにも満足のいく授業内容であれば、そこで学び身につけた内容は社会の中でも当然具現化することができるだろう。そのような社会になれば、障害のある人が障害者スポーツセンターと呼ばれるいわば隔離された場所ではなく、障害のない人と共に地域でのスポーツ文化享受が容易になるだろうし、社会がよりユニバーサルデザイン化され、その精神を社会全体で推し進めていくことになるだろう。

しかし現実は、残念ながらそのような方向を目指しながらもインクルーシブ教育は進んではいない。その理由の一つとして、体育を学び将来保健体育の教員を目指す人たちに対するカリキュラムが、インクルーシブ教育を扱っていない点や、その内容を教える教員の少なさにある。本来ならば、必修として保健体育教員を目指すすべての学生が学ぶべき内容であると思われるし、そのことは、4人に1人が高齢者となったわが国において、年齢に適したスポーツ文化の構築にも必ず貢献するはずである。

小学校の低学年から、勝ち負けといった勝負の価値観をもったスポーツを教材として学ばせる体育の授業に幕を引き、国策として共に楽しむといった価値観を基準とした体育の授業への転換を図ることによって「共生」「きずな」といった現代に求められているキーワードに応えていくことが可能となるのではないだろうか。

(後藤邦夫)

● 文献

1) 荒川勇・大井清吉・中野善達 (1976)『日本障害児教育史』福村出版、p.26.
2) ――― (1976) 同上、p.33.
3) 東正雄、北野与一 (1975)「わが国の盲学校及び聾学校における体育の形成過程とその特質」『金沢大学教育学部紀要』25: 114.
4) ――― (1975) 同上:116.
5) ――― (1975) 同上:118.
6) ――― (1975) 同上:115.
7) ――― (1978)「わが国の盲学校及び聾学校における体育の発展過程とその特質(第2報)」『金沢大学教育学部紀要』26: 76.
8) ――― (1979)「日本における心身障害者体育の史的研究(第3報)」『金沢大学教育学部紀要』27: 130.
9) 北野与一 (1983)「日本における心身障害者体育の史的研究(第7報)」『北陸大学紀要』5: 121-130.
10) ――― (1983)「日本における心身障害者体育の史的研究(第8報)」『北陸大学紀要』7: 111.
11) ――― (1983) 同上:113-114.
12) ――― (1983) 同上:115.
13) ――― (1983)「日本における心身障害者体育の史的研究(第14報)」『北陸大学紀要』11: 208-209.
14) ――― (1992)「日本における心身障害者体育の史的研究(第19報)」『北陸体育学会紀要』28: 54-55.
15) ――― (1996)『日本心身障害者体育史』不昧堂出版、p.19.
16) 文部省 (1978)『特殊教育百年史』東洋館出版社、p.27.
17) ――― (1978) 同上、pp.77-80.
18) ――― (1978) 同上、p.111.
19) ――― (1978) 同上、p.504.
20) ――― (1978) 同上、p.505.
21) ――― (1978) 同上、pp.511-512.
22) ――― (1978) 同上、p.515.
23) 村井実 (1979)『アメリカ教育視察団報国書全訳解説』講談社〈学術文庫〉、p.65.
24) 乙竹岩造 (1929)『日本庶民教育史(中)』目黒書店、p.748.
25) 戸崎敬子 (2000)『新特別学級史研究 - 特別学級の成立・展開過程とその実態 -』多賀出版、pp.26-38.

2 特別支援教育時代に求められる障害の基礎知識と指導上の配慮事項

［１］特別支援教育時代の体育の特徴

① 特別支援教育時代における特徴と留意点

▶ 特別支援教育制度での保健体育教員に必要な視点

　2007（平成19）年4月から、「特別支援教育」が学校教育法に位置づけられ、すべての学校において、障害のある幼児および児童生徒の支援をさらに充実していくこととなった。また、2014年1月には日本もさまざまな国内法の整備（障害者基本法の改正、障害者差別解消法の制定等）を行い、障害者権利条約の批准が実現した。このことは、合理的配慮の提供についてより具体的に検討すべきことを示している。従前より小中学校や高等学校にはさまざまな障害のある児童生徒が在学しており、保健体育を担当する教員にはアダプテッド体育（Adapted Physical Education: APE）の視点をもちつつ、インクルーシブ教育を実践することが、今後より一層求められる。「障害者の権利に関する条約」第24条によれば、「インクルーシブ教育システム（inclusive education system）とは、人間の多様性の尊重等の強化、障害者が精神的及び身体的な能力等を可能な最大限度まで発達させ、自由な社会に効果的に参加することを可能とするとの目的の下、障害のある者と障害のない者が共に学ぶ仕組みであり、障害のある者が general education system（署名時仮訳：教育制度一般）から排除されないこと、自己の生活する地域において初等中等教育の機会が与えられること、個人に必要な合理的配慮が提供される等が必要」とされている。しかし、現行の教員養成課程のカリキュラムでは APE 関連科目の履修もインクルーシブ教育について学ぶ科目も必修として指定されていない。

　特別支援教育制度では、盲・聾・養護学校の区分をなくし、特別支援学校の教員の免許状を改めるとともに、小中学校等において特別支援教育を推進するための規定が法律上位置づけられた。学校基本調査（文部科学省、2013）からは、小学校の在学児童はここ5年減少傾向にあり、2013（平成25）年には過去最低を更新したこと、中学校や高等学校でも前年度より微減であることを示しているが、特別支援学校在学生徒数は前年度より約3千人増加し、過去最高を更新していることがわかる。その背景には、知的障害や重度・重複障害の児童生徒数の増加がある。一方で、視覚障害や聴覚障害のある児童生徒の在学は減少傾向にあり、1学年の平均在学児童生徒が5名未満である特別支援学校がほとんどである。その結果、保健体育の教員は、体育を実施する上できめ細かな個別対応が可能である一方で、小集団の中での個人差が大きいこと、球技等の集団で行う体育授業に困難さがあることも指摘されている[5)12)]。これらの現状から、特別支援教育制度での保健体育教員に具備すべき視点[1)6)7)10)11)]をまとめ、3つの専門性と実践力として示した（図1-5）。3つの専門性とは「体育・保健体育の専門性」「障害に関する知識と理解」「協力・

連携とインクルージョン」である。また、3つの実践力とは「アダプテッド体育」「個別のアダプテーション」「インクルーシブ体育」である。

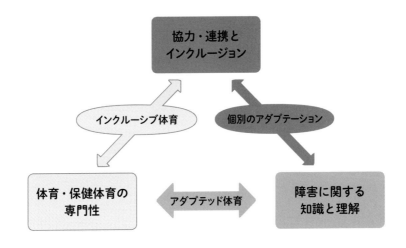

図1-5 特別支援教育における保健体育教員に必要な知識と実践力

具体的に述べると、「体育・保健体育の専門性」とは、すべての子どもに体育・保健体育の学習を保障することである。そのためには、特に体育実技の授業を成立させること、つまり体育の目的、内容と方法に一貫性をもって対応できることが必要である。また、「障害に関する知識と理解」では、子どもからみた障害という視点をもつことが必要である。つまり、障害のあることが体育を行ううえでどのような困難さになるのか、それらの困難さがある場合に特別な支援が必要となる。そこで具体的な困難さを理解するために、その子どもの障害について知ることが必要となる。言い換えると、障害があるからAPEではなく、特別な教育的ニーズがあるからAPEを行うという視点である。そして、「協力・連携とインクルージョン」とは、障害に関する知識と理解をもとに、対象となる子どもが集団で活動する場面で必要な配慮や工夫、指導形態（チームティーチング、ピア学習等）についての知識である。その時点で教育的ニーズに最も的確に応える指導が提供できることを目指すものである。

それぞれの専門性を統合したものが実践力である。体育・保健体育の専門性と障害に関する知識と理解を生かしたAPE、障害に関する知識と理解と協力・連携を生かした個別のアダプテーション、体育におけるインクルーシブ教育の実践としてのインクルーシブ体育、どれも保健体育教員に具備すべき内容である。

▶ **学習指導要領からみた保健体育の目標と内容**

「特別支援学校小学部・中学部学習指導要領」の教育目標は、「学校教育法」第72条に定める目的を実現するために、児童および生徒の障害の状態および特性等を十分考慮して、次に掲げる目標の達成に努めなければならない、とされている。

1. 小学部においては、学校教育法第30条第1項に規定する小学校教育の目標
2. 中学部においては、学校教育法第46条に規定する中学校教育の目標
3. 小学部及び中学部を通じ、児童及び生徒の障害による学習上又は生活上の困難を改善・克服し自立を図るために必要な知識、技能、態度及び習慣を養うこと。

　体育の目標および内容では、例えば知的障害者である児童に対する教育を行う特別支援学校小学部では「適切な運動の経験を通して、健康の保持増進と体力の向上を図り、楽しく明るい生活を営む態度を育てる」ことが目標とされており、学年別ではなく段階別にその内容が示されている。また、視覚障害者、聴覚障害者、肢体不自由者または病弱者の場合は、各教科の目標、各学年の目標および内容ならびに指導計画の作成と内容の取り扱いについては「小学校・中学校学習指導要領」第2章に示すものに準ずるものとされている。このことから、体育分野と中学校における保健分野で構成される教科の内容は、個々の児童生徒の発達に応じて工夫が可能であり、内容の取扱いとして、必要がある場合は体育・保健体育に示していない内容を加えることができること、また体育・保健体育の目標および内容に関する事項の一部を取り扱わないことができること、そして体育・保健体育の目標および内容の全部または一部を、下学年または下学部の目標および内容の全部または一部によって替えることができる。

　つまり、特別支援教育対象の児童生徒の体育は、個々の児童生徒に合わせた目標達成のための指導計画の作成があり、課題の設定、ルールの工夫、教材・教具や補助具の工夫を施すというAPEを実践する[13]ことになる。このことから、特別支援学校で体育を担当する教員には、体育・保健体育の専門性に加え障害に関する知識と理解を生かしたAPEの実践力が必要不可欠である。

▶ 運動経験とアダプテッド体育の視点

　2011（平成23）年にスポーツ基本法が制定され、人々の権利として障害の有無にかかわらずスポーツは存在することが明記された。そこで、特別支援教育における体育では、児童生徒に生涯スポーツが実践できる基礎的な能力を培い、生涯にわたりスポーツのメリットを享受できるようにすることが大切である。そうすることでスポーツを生活に取り入れたライフスタイルの構築、つまり生活の質（QOL）の向上につながる。そのためには、幅広い運動経験、発達段階に応じた運動課題の設定とスモールステップによる成功体験の積み重ねにより、スポーツの技能の獲得だけでなく、スポーツへのモチベーションを高めることが必要である。そこで、適切な課題設定をするために必要なことは評価であり、それをもとにAPEを実践する。

　体力・運動能力に関するテストで標準化されているものに文部科学省の新体力テストがあるが、特別支援教育の場面では、より子どもの実態に応じた実践的な評価ツールが必要となる。現在、特別支援教育対象の児童生徒を対象に国内で標準化されたテストはないが、発達段階や課題に応じて、例えばM-ABC2や運動発達チェックリスト[3,4,8,14]を用いた評価が報告されている。また、都道府県や特別支援学校ごとにチェックリストや評価段階表を作成しているところもある[2,15,16]。今後は、それらが有機的に連携され、エビデンスに基づく国内標準化された「特別支

の体育」に関するツールとなっていくことが望まれる。

　APEの視点は教員だけでなく、児童生徒にも必要である。個々のニーズに応じたルールや用具の工夫、活動の参加方法、指導体制などに適切な配慮や変更がなされた体育実技を特別支援学校高等部において経験した生徒に、中学校での体育授業について振り返るという方法で体育に対する考え方を検討した[11]。その結果、体育授業に否定的なイメージをもつ場合と肯定的なイメージをもつ場合で授業への参加方法に明らかな違いがあった。それは、体育授業に、①クラスメイトと課題を共有しながら必要に応じた課題の変更やルール・用具の工夫がある場合と、②特別な配慮がなく、授業場所という空間のみを共有している、いわゆる配慮なき放り込み（ダンピング）である場合、そして③見学や記録・得点係という身体活動を伴わない場合、である。①の場合は、体育に対する肯定的なイメージをもっており、自分にできることを把握するとともに、より積極的な参加方法を求める姿勢をみせており、当時の体育についても肯定的に発言している。②の場合は、課題の設定と障害特性にまったく配慮がないため、「動くことが怖かった」「もうやりたくない」という否定的な姿勢とダンピング状態の中で、自分にできることがわからないので何をしてよいかわからなかったという戸惑い感を表している。③の場合は、「自分はできないから当然」「しかたがない」という、現状に対して疑問をもつことすらなかったことが示されている。しかし、②、③の生徒たちは特別支援学校でAPEを経験したことで、自分にできる運動、参加方法があることに気づき、適切な工夫や変更があれば体育実技ができることを体験的に理解していった。そして、中学校のときも「工夫してやれることがあった」「見学ではなく参加したかった」「成績評価が適切に行われていない」「自ら必要な支援を伝えることが大切だ」という意識に変化していった。つまり、児童生徒自身がAPEを経験することで、体育実技への参加方法を学ぶのである。APEの視点をもつことができれば、体育・スポーツに主体的に参加でき、多様な運動経験が可能になる。さらに、体育・スポーツへの肯定的なイメージをもち、自らが体育・スポーツをするために必要な支援方法を他者に伝え、活動への参加度を高めることにつながる。そのためにも、教員だけでなく児童生徒たちにもAPEの視点をもたせることが大切である。

（齊藤まゆみ）

② 通常学級に在籍する気になる児童生徒への配慮の必要性

▶ 注目されだした通常学級の気になる児童生徒

　1990年代に、多くの教師が、学級経営、教科指導をする中で、指導上、（児童生徒または教師が）困難を生じる報告が多く寄せられるようになった。それらの声に対し、日本では、2002（平成14）年2月から3月にかけて文部科学省における調査研究会が「通常の学級に在籍する特別な教育的支援を必要とする児童生徒に関する全国実態調査」を実施した。ここでは、文部科学省ホームページより抜粋し主な調査結果を紹介する。

　「知的発達に遅れはないものの学習面や行動面で著しい困難を示す」と担任教師が回答した児童生徒の割合は以下の通りである（全国5地域、公立小中学校児童生徒41,579人を対象）。

- ▶ 学習面か行動面で著しい困難を示す　　　　　　　　　6.3%
- ▶ 学習面で著しい困難を示す　　　　　　　　　　　　　4.5%
- ▶ 行動面で著しい困難を示す　　　　　　　　　　　　　2.9%
- ▶ 学習面と行動面ともに著しい困難を示す　　　　　　　1.2%
- ▶「不注意」または「多動性 - 衝動性」の問題を著しく示す　2.9%
- ▶「対人関係やこだわり等」の問題を著しく示す　　　　　0.8%

　実態調査の結果・報告を受けて「学習面または行動面において著しい困難さを示す児童生徒」に対する支援についての調査研究機関の設置や法整備等の準備が行われ始めた。

　それから 10 年後の 2012（平成 24）年に同様の調査が行われ、文部科学省より以下の調査結果が発表された（全国、公立小中学校児童生徒 53,882 人を対象）。

- ▶ 学習面か行動面で著しい困難を示す　　　　　　　　　6.5%
- ▶ 学習面で著しい困難を示す　　　　　　　　　　　　　4.5%
- ▶ 行動面で著しい困難を示す　　　　　　　　　　　　　3.6%
- ▶ 学習面と行動面ともに著しい困難を示す　　　　　　　1.6%
- ▶「不注意」または「多動性 - 衝動性」の問題を著しく示す　3.1%
- ▶「対人関係やこだわり等」の問題を著しく示す　　　　　1.1%

　「文部科学省において、平成 24 年に実施した『通常の学級に在籍する発達障害の可能性のある特別な教育的支援を必要とする児童生徒に関する調査』により、公立の小中学校の通常の学級においては、学習面または行動面において著しい困難を示す児童生徒が 6.5％（推定値）程度の割合で在籍していることが明らかになっている。」と報告された。

　また、奇しくも「障害者の権利に関する条約」において、同じ時期にわが国において法整備がなされた。2006（平成 18）年 12 月に国連総会において条約が採択され、2007（平成 19）年 9 月には日本が署名し、法の整備に入った。そして、2013（平成 25）年 12 月には批准する決議が国会を通過し、翌 2014（平成 26）年 1 月 20 日に条約が批准された（2014〔平成 26〕年 2 月 19 日に条約発効）。なお、2015（平成 27）年 4 月現在、世界 154 ヵ国が本条約に批准している。

▶通常学級の気になる児童生徒の特徴

　日常の学校生活の中で、児童生徒の困っている気持ち、いわゆる「困り感」*のサインに気づくには、次のような観察ポイントがある。

- ▶ 表情（無表情）
- ▶ 身体の動き・手指の使い方（不器用さ）

- ▶ 常同行動（無意識に行う身体の揺さぶり、手をひらひらさせるなど）
- ▶ 他傷行為（言葉〔内容、怒鳴る〕や力による暴力、威嚇）や自傷行為（自分自身への毛抜き、噛みつきやひっかき等）
- ▶ 因果関係の理解が低い（○○だから××である）
- ▶ 空間認識が著しく低い（左右、上下、前後）
- ▶ 整理整頓が著しく悪い（物、時間等の管理）
- ▶ 多動、衝動性の高い行為（離席、高い所に登る）
- ▶ 発言のタイミング、内容（口をはさむ、理解に苦しむ回答等）

このように多様な観察ポイントがあるのだが、大切なことは「総合的な観察と判断」をすることであり、観察ポイントに当てはまったから「発達障害」と決めつけてはならないのである。あくまでも診断を下せるのは「医師」のみであることは忘れてはならない。

▶体育授業で生徒が抱く困り事・困り感*

通常学級で気になる児童生徒の特徴から体育の授業中での困り具合は、具体的にはどのようなことが見受けられるだろうか。例えば、身体のぎこちない動きとしては、つま先歩きや走りといった独特な歩き方や走り方がある。また、膝を曲げて歩くなど、まるで操り人形のような動き方をすることがある。そのため、周りの児童生徒が"一歩引く"ことがある。

このような手足の協調運動が苦手な児童生徒は、高校生になっても縄跳びがスムーズに跳べなかったり、スキップができなかったりする。また、バスケットボールやハンドボールのドリブルからのシュートでタイミング良くボールをつかめない（オーバーステップしてもかまわない）。しっかりボールをつかまないので、とんでもない方向に投げてしまい、周りの生徒からは「こんな簡単なことが何でできないの？」と"超運動オンチ"に扱われてしまうことがある。

また、手指の不器用さや空間認識の低さからは、ひも結びができないことがある。そのため、マジックテープの靴を履いていたり、剣道の胴のひもを身体の後ろで結べないなど"高校生なのに？"などのレッテルが貼られることもある。

発達障害のある大学生に対する体育授業への苦手意識調査においては、「疲れやすい」「我慢することが苦手」「不器用（マジックテープの靴を履く）」「持続することが苦手」等の報告もされている。

▶特別支援教育で教師に求められること

随意運動（自らの意志を伴う運動）は、（1）多くの感覚器から情報が脳に送られ、（2）脳で運動が計画され、神経を通じて筋肉に命令が行く。そして、（3）筋肉の働きによって骨が動き、運動が起こる、という流れで行われる。

しかし、発達障害の児童生徒は、脳の「機能障害」により（1）・（2）のどこかで運動への支障をきたしていると考えられる。

特別支援教育で大切なことは、「発達障害があるから、できない／無理」。だから「この程度で（例えば、出席さえしていれば）単位修得」（高校）を認めてはいけないということである。単位修得を認めるには、学習の「ねらい」（目標）を達成しなければならないのである。
　そこで、私たち教師（指導者）は、あらゆる手立てを考え、児童生徒に指導していかなければならない。彼ら彼女らが何に困っているかを知り（場合によっては本人に尋ねたりすることもある）、例えば聴覚支援か視覚支援のどちらが優位かを見極めたりするなどして、具体的にどうすればよいかを考えなければならないのである。
　ここでは、そうした場合の工夫や準備を簡単に紹介したい。

○**運動のとらえ方を変える、強制した向きにするなどの工夫**
　前者の例としてはスキップ動作がある。スキップでは、2ステップを踏む足に視点がいくが、上げる方の足に視点を当ててみる。片足ジャンプする高さに手を差し出し、「膝で先生の手のひらを蹴ってみなさい」と指示すれば、自然と2ステップを踏む。これを交互に行えばスキップになる（図1-6）。
　後者の例としては、投球動作がある。ボールを投げるときに手と足が同時になってしまう場合、横向きに構えさせ（野球のセットポジションのように）ボールを投げさせれば、自然と逆足が前に出る。また、肘を上げることも同時に指導できる。特に女子の児童生徒ではこのようなぎこちなさが多く見受けられ、ソフトボール指導を行う際はこの強制した向きにしてから行わせるという方法はとても有効である。

図1-6　スキップ動作の指導例

○**安全が保たれるなら簡単な準備**
　剣道の専門家に、日本手ぬぐいのかぶり方や胴の付け方は、その役割（外れない）が達成できればよいという先生がいた。防具や用具を正式な方法でつけなくても、胴の後ろひもは結んでおき（図1-7）、頭部の日本手ぬぐいはほっかぶりで、胴ひもは胸乳皮を通して首の後ろで結べばよいといった教えであった（図1-8）。

図1-7 剣道の例 胴の後ろひも

図1-8 剣道の例 頭部の手ぬぐい

　このような工夫や準備の事例からも分かるように、特別支援教育のキーワードは、授業のユニバーサル化を図ることといえる。授業のユニバーサル化は、障害の「ある」「ない」にかかわらず、すべての児童生徒にとってわかりやすく、取り組みやすい授業となる。すなわちユニバーサルデザイン（UD）教育の実践である。最後に筆者が実践した例を紹介したい。

○バスケットボールにおけるステップシュートの実践例

　ゴールに向かい右側から右手でシュートするときのステップは、右足、左足の順である。右利きの生徒であれば、手本を見せ、留意点であるステップ順（右、左）を指示すればほとんどの生徒はできる。しかし、右利きの生徒が、ゴール左側から、左手でシュートするときのステップは、左足、右足の順なのだが、なかなか習得することができない。そこで（図1-9①）のようにゴム製のパットを置く（黄は左足、赤は右足）。パットが支援ツールとなり、ステップを正しく踏め、シュートができるようになる。

　右側から右、左の順でステップが踏めない発達障害がある児童生徒には、右側でもパットを置いて（赤は右足、黄は左足）支援するとよい（図1-9②）。

①左手でシュートするときのステップ

②右手でシュートするときのステップ

図1-9 バスケットボールのサポート例

発達障害が「ある」児童牛徒には、パットが支援ツールになり、パットを置くことでステップが踏め、シュートができるようになる。このことは、＝（イコール）発達障害の「ない」左利きの生徒が右側から右手でシュートするときのステップ習得の支援にもなる。

　障害の「ある」「ない」にかかわらず、すべての児童生徒にとってわかりやすく、取り組みやすい支援であり、授業のユニバーサル化につながる工夫がこれからの授業づくりには求められる。

（佐々木務）

●文献

①

1）長曽我部博（2006）「インクル - シブ体育における「まさつ」が子どもの相互理解に及ぼす影響」『障害者スポーツ科学』4（1）：37-46.
2）福山特別支援学校（2014）『重度・重複障害児のコミュニケーションに関するアセスメントチェックリスト概要』福山特別支援学校自立活動部
3）Henderson SE, et al（2007）Movement Assessment Battery for Children-Second Edition（Movement ABC-2）. Pearson Assessment.
4）平田正吾，奥住秀之，葉石光一，北島善夫，細渕富夫，国分充（2011）「M-ABC チェックリストによる知的障害児・者の行動特性の評価」『東京学芸大学大学院連合学校教育学研究科学校教育学研究論集』（23）：107-115.
http://hdl.handle.net/2309/108432（参照 2015年10月20日）
5）金山千広，齊藤まゆみ，稲嶋修一郎（2008）「小中学校における障害のある児童・生徒の体育授業に関する研究 - 全国の実態調査から」『聖和大学論集 A・B 教育学系・人文学系』36：49-59.
6）小林洋子（2012）「日本のインクルーシブ体育を担当する体育教師の資質能力に関する研究」『筑波大学体育研究科平成 23 年度修士論文』
7）草野勝彦（2004）「障害者スポーツ科学への社会的課題への貢献」『障害者スポーツ科学』2（1）：3-13.
8）松原豊（2012）「知的障害児における発達性協調運動障害の研究 - 運動発達チェックリストを用いたアセスメント -」『こども教育宝仙大学紀要』3：45-54.
9）松浦孝明（2006）「肢体不自由と身体運動」『筑波大学附属桐が丘特別支援学校研究紀要』42: 79-85.
10）―――（2011）「インクルーシブ体育研究」『筑波大学附属桐が丘特別支援学校研究紀要』47: 87-93.
11）村山未有（2014）「インクルーシブ体育を担当する体育教師に必要な視点 - 肢体不自由生徒のインタビューから -」『筑波大学体育研究科平成 25 年度修士論文』
12）齊藤まゆみ（2008）「A 県小学校における障害のある児童の体育実施状況」『スポーツ教育学研究』27（2）：73-81.
13）―――（2014）「特別支援学校の体育」『体育の科学』64（6）：402-405.
14）勝二博亮，田村睦子（2011）「知的障害児における基本運動の発達アセスメント（中間報告）」『発達科学研究教育センター紀要, 発達研究』25：195-200.
15）筑波大学附属桐が丘特別支援学校保健体育科（2007）「上手に運動できない子どもに対する手立て」『筑波大学附属桐が丘特別支援学校研究紀要』43: 23-28.
16）筑波大学附属大塚特別支援学校（2013）「教育課程（指導計画集）平成 24 年度版」『筑波大学附属大塚特別支援学校研究紀要』57.

②

・東京学芸大学特別支援科学講座　編（高橋智編集代表）（2007）『インクルージョン時代の障害理解と生涯発達支援』日本文化科学社
・ジョセフ・P．ウィニック（著）（1992）『子どもの発達と運動教育』大修館書店

＊「困り感」ということばは学研の登録商標。

[2] 個別の障害に関する基礎知識と指導上の配慮事項

① 知的障害
〈障害の基礎知識〉
▶ 知的障害とは

　知的障害は、2005（平成17）年に厚生労働省が行った知的障害児（者）基礎調査において以下のように定義されている。

> 　知的機能の障害が発達期（おおむね18歳まで）にあらわれ、日常生活に支障が生じているため、何らかの特別の援助を必要とする状態にあるもの。
> 　なお、知的障害であるかどうかの判断基準は、以下による。
> 　次の（a）および（b）のいずれにも該当するものを知的障害とする。
>
> **（a）「知的機能の障害」について**
> 　標準化された知能検査（ウェクスラーによるもの、ビネーによるものなど）によって測定された結果、知能指数がおおむね70までのもの。
>
> **（b）「日常生活能力」について**
> 　日常生活能力（自立機能、運動機能、意思交換、探索操作、移動、生活文化、職業等）の到達水準が総合的に同年齢の日常生活能力水準（別記1）のa、b、c、dのいずれかに該当するもの。
>
> ＊別記1は省略

　また、最近は知的機能の障害について知能指数による制限を記さない定義になっている。アメリカ知的障害・発達障害学会（AAIDD）によると以下のような状態にある方々だと定義されている。

> 　知的障害は、知的機能と適応行動（概念的、社会的および実用的な適応スキルによって表される）の双方の明らかな制約によって特徴づけられる能力障害である。この能力障害は18歳までに生じる。この定義を適用するためには以下の5つを前提とする。
> 1. 今ある機能の制約は、その人と同年齢の仲間や文化に典型的な地域社会の状況の中で考慮されなければならない。
> 2. アセスメントが妥当であるためには、コミュニケーション、感覚、運動および行動要因の差はもちろんのこと、文化的、言語的な多様性を考慮しなければならない。
> 3. 個人の中には、制約と強さが共存していることが多い。
> 4. 制約を記述する重要な目的は、実用とされる支援のプロフィールを作り出すことである。
> 5. 長期にわたる適切な個別支援によって、知的障害がある人の生活機能は全般的に改善するであろう。

さらに、2001年の世界保健機関（WHO）総会において改定された、「人間と環境との相互作用を基本的な枠組みとして人の健康状態を系統的に分類するモデル」である国際生活機能分類（International Classification of Functioning, Disability and Health: ICF）は、障害（個人が受けるさまざまな制約）は、個人と環境の相互作用において変化するものであると定義づけた。例えば、ある人の心身機能や身体構造がある活動の参加を阻害していても、周囲からの支援を受けることによって活動量を確保し、社会参加を促進することができ、結果、健康状態も向上することができるといった考え方である。

　アダプテッド・スポーツの考え方からすると、このICFの考え方が一番親しみやすく分かりやすいかもしれない。なぜなら、知的障害のある人が通常のルールだと理解が難しかったり、通常の用具では扱いが難しかったりして取り組めない種目がある場合（個人因子）、そのルールや道具を工夫すること（環境因子）で、知的障害のある人でも取り組むことが可能となり、体育・スポーツ活動に参加できるようになるからである。

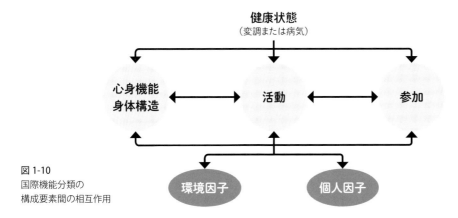

図1-10
国際機能分類の
構成要素間の相互作用

〈体育・スポーツの必要性〉

　知的障害のある人にとって、なぜ体育・スポーツが必要なのか。それは、体育・スポーツに取り組むことが大きな効果をあげるからである。

▶健康の保持増進

　平成25年版の「障害者白書」によると、在宅の知的障害者は41.9万人いるのだが、その年齢階層別の内訳をみると、18歳未満は11.7万人（28.0%）、18歳以上65歳未満は27.4万人（65.5%）、65歳以上は1.5万人（3.7%）となっている。身体障害者と比べて18歳未満の割合が高い一方、65歳以上の割合が低い点に特徴がある。65歳以上の割合の推移をみると、平成7年から平成17年までの10年で2%台から3.7%へ増加している。前述の定義にあるように、知的障害は発達期に現れるものであり、発達期以降に新たに知的障害が生じるものではないことから、身体障害のように人口の高齢化の影響を大きく受けることはない。一方で、調査時点である平成17年の身体障害者の高齢化率20.1%に比べて、知的障害者の65歳以上の割合が5分

の1以下の水準であることは、健康面での問題を抱えている者が多い状況がうかがえる。

　この原因の1つとして、知的障害のある人は、生活習慣病（糖尿病、脳卒中、心臓病、高脂血症、高血圧、肥満等）にかかる割合が健康な人やほかの障害の人よりも高いと考えられている。それは、健康に関する自己管理能力が高くなく、バランスの取れた食生活をしたり、適度な運動を心がけたりすることが難しいことが多いからである。

　2005（平成17）年に国立特殊教育総合研究所が行った調査では、肥満傾向、または肥満といわれている知的障害のある児童生徒の割合は、小学部低学年で男子女子ともに16％、小学校高学年男子で24％、女子が23％、中学部男子が24％、女子が34％、高等部男子が28％、女子が37％と年齢が進むにつれ肥満傾向は高まっている。これは、健常児の年齢別肥満傾向児の出現率と比較すると極めて高い数値である。学齢期に肥満の子どもは、高率で成人肥満に移行することが指摘されている。肥満は、万病の初期症状といえるため、WHOでは肥満症として疾病に位置づけられている。そのため、健康な生活をおくるためには身体が大きく発達する第二次性徴を迎える成長期はもちろん、成人期においても適度な運動を行うことで、脂肪の燃焼を促し、肥満を抑制し、ひいては身体の免疫力を高めていくことが必要だといえる。

▶体力や運動能力の獲得

　障害者スポーツは、もともと傷病兵のリハビリテーションとして始まった歴史がある。意図的に体を動かすこと、楽しみながら体を動かすことは、心身の機能を回復させるリハビリテーションとしての働きをもつ。

　また、体育・スポーツを行うことで爽快感や楽しさを味わうことができる。楽しいから続ける、そのことを通じて、やがては体を動かすことが習慣化し、自然と体力に自信がついてくるだろう。もっと上手になりたい、記録を伸ばしたい、ほかの運動もやってみたい、そう思えるようになったらしめたものである。さらなる体力の向上や技術の獲得、目的的に活動できる体づくりに取り組むことができる。

　体育・スポーツを通じて身につけた体力は、やがて長時間労働に耐える力、効率的に働く力等につながっていくことだろう。体育・スポーツは、知的障害のある人が社会生活を送る上で大きな力になる。

▶社会性の発達

　生活経験の乏しい知的障害のある人にとって、体育・スポーツに取り組む場面は社会性を発達させる大きなチャンスになる。体育・スポーツを通じての交流には、言葉が要らないし、国境もない。初めて会う人（違う国の人たちでも）とも、体育・スポーツを通じて交流することで仲間作りをすることができる。

　また、どんな体育・スポーツにも（レクリエーションにも）ルールがある。仲間と一緒に活動しながら、自分の気持ちをコントロールすること、勝ち負けを楽しむこと、集団生活をおくるために必要なルールやマナー等を学ぶことができる。

▶ 心の解放

　障害のある人、特に、知的障害のある人は起床してから就寝するまで一日中周りの支援者からコントロールされる生活に置かれていることが多くある。体育・スポーツに自ら取り組んでいるその間は、そうした使役言語から解放される。その活動に参加を決めることから自己選択・自己決定する場面になる。自ら考え、その意思が反映される体育・スポーツの場面は、知的障害のある人にとっての自己実現につながる。

▶ 余暇享受能力の獲得

　体育・スポーツに取り組む場面は、非日常的な空間である。少し取り組むだけで気分転換をすることができる。「日常性から解放され、気分転換をする」それだけで、十分な余暇活動であるといえるだろう。さらに、その活動を楽しみ、またやりたいと思い、継続することで余暇はますます豊かになっていくだろう。体育・スポーツを楽しむことは、余暇享受能力の獲得につながっていく。

〈体育指導上の配慮事項〉

▶ 指示を明確にする

　知的障害のある人は、抽象的な概念を理解することが難しい。また、だらだらと長く続く指示、曖昧な指示等も、言葉の理解や集中力の問題から理解することが難しい。「これ」「それ」「あれ」、「ここ」「そこ」「あそこ」等の指示語は極力使用しない方がよいだろう。例えば、並ぶ場所やポジションを示す際には、マットやコーンを利用する、コートを示すラインを段ボールで作った衝立（ついたて）を利用して分かりやすくする、目標とする場所（ジャンプで目指したい到達点）に参加者の興味関心を引く目印をつけるなど、視覚的に認識しやすい教材が有効である。もしも、指示語を使用する場合は、同時に指差しをしながらなるべく具体的に伝えることが大切である。

【指示やルールを視覚化した例】

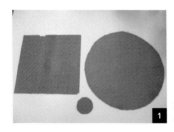
1 並ぶ場所を示すマット

2 整列の場所を示すコーン

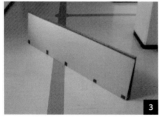
3 ラインを示す衝立

4 ジャンプの到達地点の目標

▶ 見通しをもちやすくする

　活動の最初に、その時間に取り組む内容やそのポイントを説明し、見通しをもてるようにすると安心して取り組めることが多い。また、見ただけでやるべき動きがわかる、思わずそうしてしまうような環境の設定も見通しをもちやすくすることにつながる。

【取り組む活動とその目標、および、ルールの視覚化の例】

取り組む活動の例

活動目標の例

ルールの例

【取り組む内容が分かりやすい場面設定の例】

足形とロープのついたタイヤ
→ 足形に足を置いて引っ張る。

コーンとコーンバーで作られたコース
→ コースに沿って移動する。

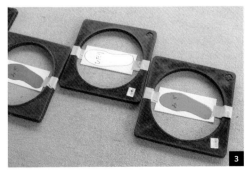

足形とコーンベッド（カラーコーンの重り）
→ 足形に合わせて移動する。

▶ 動きを言語化する

　初めて取り組む活動や、苦手な動きの時は、一つ一つの動作をわかりやすい端的な言葉で言語化して伝えながらモデルを示すとイメージをもちやすくなる。時には、動きをイメージ化した擬音語や擬態語を用いることも伝わりやすくする工夫である。特に、体操やダンスの指導の際に有効である。

【例】

> 伸脚　→　「つま先は空に向けます。」
> アキレス腱伸ばし　→　「顔、おへそ、膝、前の足、後ろの足、全部が前を向きます。」
> 　　　　　　　　　　「後ろの足はかかとをつけて。」
> 　　　　　　　　　　「そのまま前の足の膝を曲げます。さんはい、ギュー。」

▶ ボディータッチ

　動きを言語化するだけではなく、時には動きを身につけるために意識してほしい部位や動かして欲しい部位に軽く触れたり、身体援助したりしながら正しい動きを経験してもらうことも有効である。指導の際には、見通しをもてるようにまずは支援者がモデルを示す。次に、ボディータッチをして正しい動きを伝える。ボディータッチと同時に意識してほしい部位や動かして欲しい部位の名称を言葉で伝えるようにするとよい。

▶ 参加者に合わせてルールを変更する

　さまざまな状態の人々と一緒にスポーツを楽しむためには、参加者の体力、年齢、経験、技術、好み等に合わせたルールの適切な変更が必要である。チームスポーツの場合は、チーム全体のルールを変えたり、所属選手一人一人の実態に応じた異なるルールを設定したりする。そうすることで、一人一人が活躍する場面が増え、体育・スポーツを楽しむことができるようになる。あるスポーツから派生し、ルールを変えたスポーツは学校教育で取り組む教材の中にも沢山ある。例えば、バスケットボールとポートボール、野球とソフトボールとTボール、フットベース等である。参加者に合わせた教材を選ぶことで、楽しく取り組むことができる。どれもがそのスポーツに取り組む人にとってはゴールであり、一つ一つが楽しい活動である。

　障害者スポーツが盛んになりつつある昨今では、既存のスポーツのルールや道具に工夫を加え、いろいろな人が参加できるようにしたニュースポーツといわれるものも沢山みられるようになった。充実した活動を用意するためには、情報収集も必要である。

▶ 道具を工夫する

　参加者に合わせたルール変更と同じで、扱う道具にも工夫が必要である。金属製や木製のバットの代わりにプラスチック製のバットを使う、バットの代わりにペットボトルやラケットを使う、

シャトルやボールの代わりに風船（いろいろな形、大きさのものがある）を使うなどである。このほかにも、身近で安価な身の回りのものを使ったオリジナルの教材を作成することで、活動の幅が大きく変わる。身近なものを使った教材については、第2章をご覧いただきたい。

【道具を工夫した例】

新聞紙を巻いた風船（ボールの代わり）

ペットボトルバット（軽く、太い）

▶障害特有の配慮事項

　知的障害のある人の中には、特有の配慮を必要とする場合がある。以下に簡単な例を示す。

　自閉症スペクトラム群の人への配慮事項としては「見通しのもちにくさ」と「刺激の感じ方、刺激への注意の向け方の違い」が挙げられる。

　自閉症スペクトラム群の人は、周囲からの刺激の受け取り方や、注意の向け方に特徴があり、見通しをもちにくいことが多い。そのため、指導者が説明をしたつもりでいても、本人にとっては「不意の出来事」と受け取り、不安を感じることがある。活動の説明は、視覚的な教材を多く用いて、できるかぎり丁寧に行うことを心がける必要がある。

　また、自閉症スペクトラム群の人は、周囲からのさまざまな刺激の感じ方が極端に敏感だったり、鈍感だったりすることがある。ボディータッチで支援する際に軽く触れただけで痛がる（触覚過敏）、特定の音に対して耳をふさいだり、怖がったりして活動に取り組めない（聴覚過敏）、ある光を極端にまぶしがったり、関係のない物が目に入ると集中できなくなったりする（視覚過敏）などがある。どんなことを苦手に感じているのかをよく観察し、別のやり方で伝える（スタータ―ピストルをホイッスルに変更する、指示の声を少し小さくする）、環境を調整してできる限り苦手な刺激を取り除く（気になるものを何かで覆ったり、片付けたりする）などの対応を心がける必要がある。

　次に、ダウン症の人への配慮事項としては、心疾患への配慮、筋力や体力の低下への配慮、そして環軸椎（かんじくつい）への配慮がある。

　ダウン症の人の中には、先天的に心臓に疾患を抱えている人がいる。そのため、医師から運動制限を受けている場合がある。運動を行う際には、必ず健康状態と運動制限の有無について確認する必要がある。

また、ダウン症の人は、全般的に筋力が弱く、体力（特に持久力）が低い人が多い。ランニング等の持久力が必要な運動や、活動時間が長くなる場合は他の参加者よりも疲労を感じるだろう。体調を自分からうまく伝えられない場合もあるので、顔色や表情等の観察を心がける必要がある。

　さらに、ダウン症の人の中には、10～30％に環軸椎不安定性があるといわれている。環軸椎不安定性とは、7個の骨からなる首の骨の第1番目の環椎が第2番目の軸椎に対して主に前方へずれる不安定な状態のことをいう。ずれがひどく環椎と軸椎を結合する関節が完全に外れてしまう場合を環軸椎脱臼といい、外れかかった状態を亜脱臼という。

　さまざまな運動麻痺だけでなく、呼吸麻痺や内臓の調整機能の麻痺が起きるなど重篤な状態を引き起こす恐れがあるため、マット運動の前転後転やトランポリンといった首や頭に強い衝撃が加わる運動は避けなければならない。

（石飛了一）

● 文献

(1) 厚生労働省 HP：厚生労働省社会・援護局傷害保険福祉部企画課（2007）「平成17年度知的障害児（者）基礎調査結果の概要」
　http://www.mhlw.go.jp/toukei/saikin/hw/titeki/　（参照 2015年4月10日）
(2) 米国知的・発達障害協会用語・分類特別委員会（2012）『知的障害：定義、分類および支援体系 第11版』（太田俊己、金子健ほか 訳）日本知的障害福祉連盟.
(3) 厚生労働省 HP：「国際生活機能分類－国際障害分類改訂版－」（日本語版）
　http://www.mhlw.go.jp/houdou/2002/08/h0805-1.html　（参照 2015年4月10日）
(4) NPO法人日本知的障害者スポーツ連盟（編）、独立行政法人福祉医療機構助成（2007）『知的障害のある方の地域社会における余暇スポーツ指導マニュアル』
(5) 内閣府（2013）『平成25年版障害者白書』
(6) 国立特殊教育総合研究所（2009）『慢性疾患児（心身症や不登校を含む）の自己管理支援のための教育的対応に関する研究』：3-24.

* 教材に使用したイラストは、Droplet project、および、無料イラスト・イラスト素材「シルエットAC」のもの。HPより無料でダウンロードすることができる。
　○ Droplet project　　http://droplet.ddo.jp　　（参照 2015年10月15日）
　○ 無料イラスト・イラスト素材「シルエットAC」　　http://www.silhouette-ac.com/　　（参照 2015年10月15日）

②視覚障害

　視覚障害は、視機能（視力や視野等）が低下する障害であり、視覚によって得られる情報が特に重要な役割を果たしている「体育・スポーツ」を実施する上で、さまざまな配慮が必要となる。

〈障害の基礎知識〉
▶視覚障害の程度

　視覚障害にはさまざまな程度があり、視力や視野の状況によって見え方はさまざまである。「学校教育法施行令」（平成25年9月1日施行）第22条の3（特別支援学校の対象とする障害の程度）によれば、視覚障害の程度は「両眼の視力が概ね0.3未満の者又は視力以外の視機能障害が高度の者のうち、拡大鏡等の使用によっても通常の文字、図形等の視覚による認識が不可能または著しく困難な程度のもの」となっている。

　視力は「視力0」「光覚・手動・指数」「弱視」等と表現され、弱視の場合は「0.03」とか「0.1」という小数視力で表されることが一般的である（パラリンピックをはじめとする国際競技のクラス分け等、対数視力*が用いられる場面もある）。

　また、視野は欠損率や視野半径（直径）等で表現されるが、視野の周辺が欠けていたり、中心部分や視野の一部分が欠けていたりすることもあるため、一口に視野障害といっても、見え方は一人一人異なると思った方がよい。

　一般的に、体育の実技場面では「ボールを見てプレイするかどうか」「活動において、ラインを頼りにするかどうか」など、それぞれの教材（種目）に応じて参加の仕方を判断することになる。

＊対数視力とは、最小可視角の対数で表す視力の表し方で、国際クラス分けで用いられる。

〈体育指導上の配慮事項〉
▶指導の方法のポイント

　視覚に障害のある児童生徒の特徴に合わせて、ここでは指導方法について4つのポイントを紹介する。

1.「発達段階に合わせた指導をする」

　視覚に障害のある児童生徒は、発育環境や視覚障害の発症時期・視覚経験・運動経験等により、運動技能や認知能力の獲得等において、その発達段階に大きな差がある。

　視覚障害の発症が早く、視覚経験がまったくない場合と発症が比較的遅い時期で、スポーツフォームを獲得できている場合とでは、指導の仕方はまったく異なる。個々の段階をしっかりと見極め、抜け落ちた段階を把握するとともに、その原因を分析し、発達段階に応じた指導をすることが望まれる。そのためには、基本の運動の指導を丁寧に行うことが有効である。

　また、できるだけ早い時期に指導することも重要なことである。幼少期に身につけておかなければ、獲得できない（獲得しにくい）感覚や動きには基本的なものが多く、その後の体育指導や

スポーツ活動に多大な影響を与える。
　基本の運動の指導を行うときには、指導する側が、運動の仕組みや発達に応じた獲得段階の様式をしっかりと理解していることが大切である。また、獲得している感覚や認知・言語等の実態を把握しておくことも指導上必要な事項として考えられる。

2.「分習法により基礎から指導する」
　基本の運動を指導するときに、動きの中で指導内容を理解させることが困難な場合は、一つ一つの動きに分けて静止した状態で指導を行ったり、ゆっくりとした動きの中でフォームを理解させることが有効な場合がある。ただし、あまり見た目のフォーム（かたち）に固執しすぎると、目的とするスポーツの本質から外れてしまうことがあるので注意が必要である。例えば、膝の上がらない走り方をする子どもに「もも上げ歩行」を指導する場合、膝を引き上げることだけを強調しても望ましい疾走フォームには結びつきにくい。「足の裏全体で地面を捉える感覚」や、「地面を押して体を前方移動させる感覚」を合わせて指導することも大切である。

3.「補助により動きを指導する」
　実際に手や脚等の身体の一部を補助しながら動きを理解させることは、とても効果的な指導手段である。運動や動きの特性に応じて、身体のどの部位をどのように補助すればよいのかということについて、的確な理解と判断が必要である。

4.「触らせて理解させる動きを指導する」
　指導者の身体を触らせることによって、フォーム等の動きのイメージ作りができることもある。

▶ **指導上の配慮ポイント**
　視覚に障害のある児童生徒の特徴に合わせて、ここでは指導上の配慮項目について4つのポイントを紹介する。

1.「フィードバック」
　運動や動作の結果（記録やフォーム、ボールの行方等）は、その都度知らせるようにする。自分が行った動作がどのような結果に結びついたのかをタイムリーに知らせることは、スキルの獲得に大いに役立つ。

2.「リズム」
　リズムを耳や身体で感じ、運動に生かすことは、視覚に障害のある児童生徒にとって、とても貴重で有効な手段となる。声や音を使うことも有効だし、手をつないで一緒に動作することでリズムを伝えることもできる。その際、できるだけリズムが伝わりやすい介助法を工夫することが大切である。

3.「具体的な指示語」

　指示語は、抽象的な表現を避け、できるだけ具体的に示すことが大切である。「もう少し前」と指示するより「一歩前」といわれる方がわかりやすいことがある。

4.「教材・教具の工夫」

　ボールの転がる音を強調するために、ビニールの買い物袋をかぶせたり、高跳びのバーを見えやすくするために薄い布をかけたり、バスケットボールのゴールに音声装置を付けるなど、いろいろな教材・教具の工夫がなされている。子どもの実態に合わせて、より見えやすく、より聞こえやすい教材を工夫することが大切である。

▶視覚障害の特性を生かした種目

　視覚に障害のある児童生徒の体育指導を行う上で重要なことに種目の選択がある。視覚障害特別支援学校で用いられている種目として、（1）一般の学校と同じ種目、（2）一般の種目を視覚に障害のある児童生徒向けにアレンジした種目、（3）視覚障害者特有の種目がある。

　まず、一般の学校と同じ種目についての工夫を紹介する。視覚に障害のある児童生徒に対しては、陸上競技や水泳・マット運動・縄跳び・スキー・スケート・柔道等の個人競技が多く取り入れられている。その一方でハードル走や水泳の飛込み等、安全面の配慮等によりあまり実施されていない種目もある。

　これらの種目は、子どもたちが思い切って力を発揮できる種目であり、基本の運動の指導にも結びつくものが多い。しかし、実施する上で、視覚障害によるハンディをカバーするためのちょっとした工夫が必要になる。工夫して実施することで、指導者と子どもが一対一で向き合える点で、課題を見つけやすいといえる。

　以下、いくつかの特徴的な工夫を紹介する。

「音源走」

　50m走といった短距離を走る場合に用いる。ゴール付近で手をたたいたり声を出すなどして、音源に向かって一人で走る。安全を確保できる広い場所で、定位のしやすい音源を用いることが必要である。

「伴走」

　伴走者とランナーが互いの手にひもを持ったり、伴走者が声で誘導しながら走る。伴走者には、走力とランナーのフォームやリズムに合わせて伴走する技術が求められる。

「タッピングバー」

　水泳において、壁に激突することを防ぐために、泳者が壁に近づいてきたらタッピングバーで身体をたたいて知らせる。このことにより、泳者は不安なく全力で泳ぐことができるようになる。

次に、一般種目をアレンジした種目を紹介する。転がしドッジボールやグランドソフトボール、フロアバレーボール等、一般の競技種目の特性やルールを活かしながら、視覚に障害のある児童生徒向けにアレンジし、楽しめるように工夫したもので、球技種目に多くみられる。テレビやラジオ等でよく聞くスポーツを楽しみたいという子どもは多く、視覚障害特別支援学校の体育では人気の高い種目である。

ルールについては、複雑で理解しにくいものがあったり頻繁に改正が行われたり、また、地域によってルールが違っていたりと、指導する側にとっても子どもにとっても難しい課題がある。実際の体育指導の場面では、既成のルールに制約されることなく、子どもの実態に合わせたルールに改善し、楽しく実施することができるようにする方がよい。以下に代表的な球技を紹介するが、いずれも独特なルールと視覚障害に配慮したさまざまな工夫がなされている。

「サウンドテーブルテニス」

卓球と同じ大きさのボールの中に鉄球が入って音が鳴るようになっているものを、ラバーの貼っていない卓球用ラケットで打ち合う競技で、ボールはネットとテーブルの間を通過する。プレイヤーはアイマスクを装着するため、音だけを頼りにプレイする（図1-11）。

図1-11　サウンドテーブルテニスの様子

「フロアバレーボール」

バレーボールコートを使用し、バレーボールを打ち合うが、ボールはコート上を転がるように打ち合い、ネットの上ではなくネットとコートの間の空間を通過させる。ボールを見てプレイする後衛競技者と遮眼してプレイする前衛競技者が協力して行うチームスポーツである。

「グランドソフトボール」
　ソフトボールのルールを基本にした視覚障害者のためのベースボール型の球技で、ボールはハンドボールを使用して行う。1チームは遮眼する全盲プレイヤー4名以上と弱視プレイヤーの合計10名で構成され、2チームで得点を競うスポーツである。

　最後に、ゴールボールに代表される、視覚障害者向けに開発された種目を紹介する。それらは、特有の器具やボール等を用いて、専用のルールで行う。
　ボール等の用具や施設（ゴール等）といったハード面で経済的負担が大きいこと、さらにルールが一般に普及しておらず指導者が少ないこと等が課題ではあるものの、少人数化にも対応でき、視覚障害の特性を活かした種目として今後普及していくことが予想される。

「ゴールボール」
　視覚障害者のために開発された球技で、バレーボールコートと同じ大きさのコートを使用し、重さ1.25kgの鈴入り専用ボールを転がし合う競技である。ラインの下に細いひもが埋め込まれているなど、視覚障害への配慮が随所にみられる。

〈眼疾患や安全面への配慮〉
　視覚に障害のある児童生徒の体育を指導する上で最も注意を払わなければならないことは、安全面への配慮である。子どもが安全を認識することで、信頼関係も生まれパフォーマンスを最大限に発揮できる環境ができやすくなる。また、見え方や眼疾患の特性について把握しておくことは、安全面での配慮はもちろん、指導方法の工夫に関しても大いに役立つ。さらに、指導者と子ども、養護教諭や医療関係者、保護者とが、連携を図って安全面の配慮をすることも望まれる。

▶ 見え方と配慮について
　弱視児の見え方にはさまざまなケースがあり、それぞれに応じた指導上の配慮が必要である。特にまぶしさに対する配慮は効果も大きいので、子どもと話し合いながらよりよい環境を設定できるよう工夫することが大切である。
　また、視野欠損の程度によっては、理想とされているスポーツフォームが、パフォーマンスの発揮にマイナスに働いてしまうこともあるので、どのように見えているのか、どうすれば見やすいのかなどを子どもとの対話を通して把握しておくことも大切なことである。

▶ 体育の指導上、特に配慮を要する眼疾患
　視覚に障害のある児童生徒の体育指導において、眼への直接刺激に注意を要することは当然であり、間接的な刺激により悪影響を及ぼすこともあるので注意が必要である。
　なかでも、特に配慮を要する眼疾患の代表的なものを表1-1に示した。

表1-1 主な眼疾患と指導上の配慮

疾患名	指導上の配慮
牛眼	眼球破裂や網膜剥離を起こしやすく、顔面の打撲やボールの衝突に注意する必要がある。また、保護眼鏡がずれて眼球を圧迫することもあり、装着については慎重にする必要がある。
緑内障	力む運動（懸垂等）や倒立のように眼圧が高くなりやすい運動には注意が必要である。
網膜剥離	網膜剥離の子どもは、運動を禁止されていることが多く、許可されていても激しい動きやジャンプ等は避けた方がよい場合が多い。体育の指導では、個別に対応する必要がある。
小眼球・強度近視	網膜剥離を起こしやすいので注意が必要である。
その他	網膜色素変性症や白子眼・全色盲等はまぶしさに弱いので、サングラスをかけたり、体育館の採光を調節したりするなどの工夫をする必要がある。また、白子眼は日焼けに弱いので、水泳や直射日光下の活動には十分な配慮が必要である。

▶安全に対する配慮ポイント

前述したように、視覚に障害のある児童生徒の体育を指導する上で最も注意を払わなければならないことは、安全面への配慮である。そこで、ここでは指導上の配慮項目について5つのポイントを紹介する。

1.「緊張感・集中力の維持」

体育では、緊張感や集中力を保って活動することがとても大切である。指導者に余裕がなかったり、疲れていたり、油断が生じたりしないよう、常に子どもの状態に気を配ることが大切となる。特にゴールボール等で、弱視の子がアイシェード（図1-12、競技の上でアイシェードは視界を遮断してまったく見えない状態にするための用具であるが、体育の場面では眼の保護という役割を果たすこともある）を着けて運動をするときや校外の慣れないコースを走るとき等は、普段以上に十分な配慮が必要になる。

図1-12 アイシェード

2.「環境の整備」

必要なラインが見えやすいように、床面とラインのコントラストをはっきりさせたり、不要なラインをマスキングして隠してシンプルな床面にしたり、床面の足触りを変えるなどの工夫や採光、遮音、保護マットや支柱カバー（図1-13）等を利用することでより安心して運動できる環境を整備することが可能になる。

図1-13 支柱カバー

3.「明確な指示」

指示は、明確に大きな声で行う。特に、ボールゲーム等におけるボールデッドの合図（ホイッスルやコール）を、素早く行うことは安全面において非常に大切である。また、日頃からボールデッドの合図があったら、動きを止めることの確認をしておくことも必要である。

4.「動き方のきまり」

運動前と運動後の動き方（動線）は、最初にきちんと決めることが大切である。円周走でゴールした後にロープをいきなり離したり、50m走でゴールした後急に曲がったりすることは、大変危険であり、事前に注意を促しておく必要がある。

5.「ボールの渡し方」

ボールは手渡しやゴロ、バウンドボールで渡すように、約束事として定着させるようにする。ボールを渡す際には、「ボール、行くよ」などと必ず声をかけ、「いいよ」などと相手の体勢が整ったのを確認してから渡すように留意する。

また、弱視の場合は、視野欠損の状態や見え方に配慮したボールの受け渡しが必要である。

（原田清生）

●**文献**
・原田清生（2010）「「見えにくい子」への配慮を考える」『体育科教育』第58巻第2号：34-37.
・鳥山由子（2007）『視覚障害指導法の理論と実際 －特別支援教育における視覚障害教育の専門性－』ジアース教育新社
・全国盲学校長会（2000）『視覚障害教育入門Q＆A －確かな専門性と真剣な授業展開のために－』ジアース教育新社
・筑波大学附属学校保健体育研究会 編、後藤邦夫 監修（2001）『バリアフリーをめざす体育授業 －障害のある子どもと共に学ぶ－』杏林書院

③ 聴覚障害

聴覚に障害のある児童生徒の体育は、基本的に学習指導要領で示された運動内容に準じて行われる。他の障害種にみられるような、障害の実態に合わせて改良・開発されたスポーツ運動は特になく、一般の小中高等学校と同じ運動内容で授業を展開していることが、聴覚障害特別支援学校の体育の大きな特徴である。そのため、一見すると聴覚障害児の体育は通常の学校と変わりないようにみえることもあるが、コミュニケーションや子どもとのかかわり方、補聴器等の使用等で通常とは異なる配慮や支援が必要とされる。

一方、聞こえに障害があるものの比較的障害の程度の軽い子ども（難聴児）は、通常の学校で学ぶことが多く、授業には特別支援学校と同じような個別的配慮が求められる。子どもの障害の

程度は目に見えるようなものではないため、障害に起因する個々の実態が忘れ去られ、具体的な対応が示されることなく指導が進められてしまうことがある。もし、体育指導を受ける児童生徒の中に聴力の弱い子どもがいたら、どのように対応していけばよいのだろうか。ここでは、小中学校等に在籍する児童生徒のケースも念頭において、障害があっても周りの皆と一緒に運動を楽しむことができる手立てを述べてみたい。

〈障害の基礎知識〉
▶ 難聴の程度

　難聴の状態は個々によって異なり、皆一様というわけではない。ある程度の音の大きさであれば聞き取れる子ども、補聴器を付けても反応を示さない子ども、太鼓の「ドン！」という低い音は聞き取れるがホイッスルや電子音のような「ピッ！」という高い音には反応を示さない子ども、左右の聴力が大きく異なる子ども、などさまざまである。参考までに図1-14に聴力と難聴の程度、声や音の大きさの例を示す。

聴力	難聴の程度	声や音の大きさ	
0 dB	正常	健聴者が聴き取れる最も小さい音	
20 dB			
40 dB	軽度難聴	小声の会話	
60 dB	中度難聴	普通の話し声	
80 dB	高度難聴	大きな声の会話	ドリブル音（バスケットボール）
100 dB	重度難聴	耳元での叫び声	ホイッスル音　長胴太鼓音
120 dB		かなり近くからのサイレン	ピストル音

図1-14　聴力と難聴の程度

　聴覚障害児は、大なり小なり聴力の弱さに起因する悩みや不安を覚えながら、毎日の生活を送っている。しかし、子どもの方からそれを訴えてくることはあまりないように思われる。特に小中学校等に在籍する児童生徒の場合、日常的にいろいろな不都合を感じていてもあまり口に出すことはせずに心に押し込め、他の子どもたちに合わせていることが多いのではないだろうか。
　児童生徒の置かれている立場や心情を教師自身が正しく察しないと、配慮すべきところで聞こえる子どもと同じように扱ってしまい、その子どもだけ必要な情報が与えられず、思わぬトラブルやけがを引き起こす原因になることも十分考えられる。
　聞こえに障害のある児童生徒を指導する前提として、聴力検査等の結果からその子どもの聞こえの状態を把握し、子どもの状況を正しく理解しておくことが必要である。

▶コミュニケーションと体育指導

　聴覚の障害は単に聞こえの問題だけに留まらず、子どもとの意思疎通の図り方、すなわちコミュニケーション手段や声の大きさ、指導者の立ち位置、集合隊形における配慮等にも大きく関係してくる。

　聴覚障害児のコミュニケーション手段を表1-2に示す。例えば聴覚口話で意思疎通を図る子どもの場合は、読話ができるように話者の口元が見える位置に子どもを移動させたり、集合隊形を変えたりする配慮が必要になる。また、手話・指文字を主なコミュニケーション手段として用いる場合は、教師側のその習得や的確な表現は必須であり、誤りのないように用いなくてはならない。どのコミュニケーション手段を使うかは、子どものニーズや学校の教育方針等によって異なってくるが、わかりやすく伝えようとする心がけはどの手段にも共通していえることだろう。

表1-2　多様なコミュニケーション手段

① 聴覚活用　② 読話　③ 発音・発語　④ 口話　⑤ 聴覚口話　⑥ キュード・スピーチ ⑦ 指文字　⑧ 手話　⑨ トータル・コミュニケーション　⑩ 筆談　など

手段の違いは次のとおり。①補聴器や人工内耳によって音声言語を聴覚でとらえる。②話し手の音声言語を口唇、舌、顎角、表情などの動きから視覚的にとらえる。③聴覚活用と意図的な発音・発語指導により音声言語で発信する。④読話によって話し手の音声言語を理解し、発話によって表現する。⑤聴覚活用を重視し、聴覚でとらえられないところを口話で補完する。⑥日本語の基本的単位である音節を、子音を示す手指サイン（キューサイン）と5つの母音の組み合わせで示す。読話および発語の補助として音声言語と共に使用する。⑦日本語の五十音のかな文字を片手の指の形で表す。また手指の動きによって長音・促音・拗音も表せるので、音声言語を視覚化して受信・発信できる。⑧手や指の形態、位置、向き、動きの方向と速度などによって意味を伝え合うことができる。手指言語として音声言語とは独立して使われる日本手話と、音声言語と共に使われる日本語対応手話に大別される。⑨聴覚障害者同士または聴者と聴覚障害者との意思疎通を確実にするために、聴覚、口話、手指など役に立つ手段を総合的に使ってコミュニケーションを行う。⑩互いに文字を書いて伝え合い、意思疎通を図る。

　また、子どもが装用する補聴器（図1-15）や人工内耳（図1-16）は、聴覚を活用する上で欠かせない機器である。基本的に体育活動中もそれらを装用して運動を行うが、機器の損傷や故障の原因になることは避けなければならない。一例として人工内耳は、なわとびのような上下運動のある活動を行うと、体外装置（耳かけマイクとスピーチプロセッサ）および送信コイル（磁石によって頭部に付着）が振動で外れ、落下してしまうことがある。そのような際に誤って足で踏みつけてしまわないように、運動時は帽子を被るなどして落下を防ぐ手立てが必要になる。

図1-15　補聴器

図1-16　人工内耳

　一方、補聴器・人工内耳を使用しているからといって健聴児と同じように聞こえているわけではないことは、十分認識しておく必要がある。特に指示の場面では、子どもの視線が話者に向いていることに注意を払い、理解度を確かめた上で運動指導を進めていくことが求められる。

▶聞こえにくさからくる行動の傾向

　難聴児に見受けられやすい行動パターンを表1-3に示す。このような行動は、聞こえにくさ

に端を発していることが多く、問題行動と評価することはできない。子どもの様子をよく観察し、周囲の仲間との行動から大きく外れないように配慮することが大切である。

表1-3 難聴児に見受けられやすい行動パターン

> ① みんなより行動が遅れる。後を付いて行動する。
> ② 近くで呼ぶと反応できるのに、少し離れたところから呼びかけると分からない。
> ③ 知らないふりをしているように見える。
> ④ 一人でぽつんとしている。
> ⑤ 話を聞く時、分かったふりをする。
> ⑥ 友達と一緒に行動するのを避け、いつも先生のそばに寄ってくる。

〈体育指導上の配慮事項〉

学校生活における子どもの悩みに、「先生の話がわかりにくい」「友達との会話についていけない」といったことがある。特に体育・スポーツ活動では、子どもたちの行動範囲は運動空間いっぱいに広がることが多いため、必然的に教師の指示や仲間の声、活動の終了・中断等の合図が聞こえにくくなる。サッカーやバスケットボール等のゲームで中断の笛が鳴ったのに、それとは気付かず夢中になってプレーを続け、周囲を驚かせてしまうのはその典型であろう。

一方、指導者の側からすれば「そのような時にどう対処すればいいのかわからない」「他の子もいるし、その子だけに手をかけるのは難しい」というような戸惑いがあることも理解できる。ここでは、このことに関して少し課題を整理して述べる。

▶先生の話がわからない

話がわかりにくい原因はその時の状況によってさまざまだが、運動指導時には表1-4に挙げるようなことに配慮することが望まれる。運動の途中で声かけしても、子どもが夢中になって活動している時は、もはや耳には入らない。運動中に想定される大事なポイントや注意事項等は予め事前の説明で伝え、しっかりと理解させておくことが必要である。

表1-4 運動指導時の配慮事項

> ① やや大きめの声で早口にならないように話す。
> ② 声が届く距離で話す。
> ③ 指導者の顔が見える位置で話しかける。子どもの視線を確認しながら話す。
> ④ 屋外で話す時は、自分の立つ位置が逆光にならないように注意する。
> ⑤ 視覚的な情報を上手く活用する（板書、資料の提示、身振り等）。
> ⑥ 一度にたくさんのことを話さない。
> ⑦ 伝えたことが本当に分かったかどうか、最後に確認する。

▶ **友だちとの会話についていけない**

　このことについては、本人の努力もさることながら、まわりの友だちの理解や協力が不可欠になる。聞こえの弱さに起因する悩みをまわりの子どもたちにも知ってもらい、会話の中に入れてあげる雰囲気づくりが大切である。ただし、話し合い活動等で一度にたくさんの人が話すような場面等では、教師による介入や話の補足が必須となる。

▶ **ゲームや運動中の合図がわからない**

　聴覚障害児が周囲からの声や音にすぐ反応できないのは、ある意味でやむを得ないことである。しかし、視覚的な手がかりを用いれば、気付くまでの時間を短縮させ、さまざまな問題を軽減させることができる。以下にその一例を示す。

「紅白の手旗（審判用）」

　サッカーやバスケットボールのゲーム等で用いる（同時に同色のビブスを児童生徒に着用させる）。両手に旗を持ちながら審判を行い、反則等があった時に吹笛と同時にいずれかの旗を上げる。笛のみの合図よりもどちらのチームに問題があったのか判別がつきやすくなり、ゲームの展開がスムーズになる。

「大型タイマー」

　屋外運動でタイムを知らせる時に用いる。声による通告だけでは聞こえないことが多く、このような大きな可動式のタイマーがあると大変便利である。遠くからでも時間の経過がよくわかる。

「ストロボ付き信号器」

　信号器の音は比較的大きいため、音だけで反応できることもあるが、距離が離れてしまうと聞こえなくなる。このような発光タイプのものがあれば、音に頼らなくても光を手がかりにスタートをきることができる。

▶ **自分の動作がわからない**

　ICT機器を用いて子どもの動作を可視化し、指導ポイントを明確に示すことができれば、運動の理解は一層進む。映像を通してなにが課題なのかを子どもに具体的に考えさせることにより、児童生徒は主体的に学ぶ学習活動を行うことができる。

第 1 章：特別支援教育時代の体育

図 1-17　映像遅延モニタを見て、お互いの動きを確認し合う高校生

図 1-18　スポーツ実技の自作コンテンツを用いて、電子黒板で動作を解説する中学生

この他にも体育で役に立つ教材・教具は数多くあると思われるが、視覚的な表示やツールを効果的に用いることで運動の理解度は一層高まり、全員が「わかる体育」を共有することができる。

▶ 体育指導でのかかわり方 - 良い対応と悪い対応の例 -

先に「悪い対応」から挙げてみる。発達段階によって子どもとの接し方は異なってくるが、これらの点にはぜひ気をつけたい。はじめから意図して行う指導者はいないと思うが、指導の過程でついそうなってしまう場合がある。聴覚障害に対する誤った見方、強く言えば分かるというような思い込み、あたかも聞こえているような錯覚等がそうさせてしまうのかもしれない。これらの例は障害のない子どもにも当てはまることかもしれないが、聴覚障害児はことばの理解やイメージ化が難しい場合があるため、特に注意を要する。

悪い対応例

① 過剰な寛容さをもって接し、冒したミスや危険を安易に許してしまう。
② イメージがわきにくい抽象的な話をする。
③ 子どもに考える余裕を与えず、しゃべりまくる。
④ 話が長過ぎる。
⑤ 口頭のみの説明で、示範や視覚的な手がかりが伴わない。
⑥ 子どもの視線を意識せずに、指示を出してしまう。
⑦ 子どもの理解度を考えない。
⑧ 子どもから見えにくいところで話をする。わからなければそれを子どものせいにしてしまう。

次に「良い対応」を挙げてみる。

良い対応例

① 視覚的な手がかりを多く用いる。
② 呼びかける時は、口頭だけでなく、手を振るなどのジェスチャーを入れる。
③ 話す時は子どもの方を見て、「間」を取りながら話す。
④ 運動させる時とアドバイスする時のメリハリをつける。
⑤ 見本や具体例を先に示し、その後の活動展開に上手くつなげる。

基本的に悪い対応の逆を行えばよいのだが、上記のことに特に配慮したい。自己本位の指導にならないよう、子どもの理解度や反応をよく見極めながら、体育指導にあたることが必要である。聴力に問題がない児童生徒に対しても、これらのことは指導上の大切な注意点になると思われるが、聞こえにくい子どもにとっては一層重要さを増してくる。

以上、聴覚障害の基礎知識と体育指導上の配慮事項をまとめた。児童生徒を取り巻く教育環境や指導方法は多様化の傾向にあり、ここで述べたこと以外にも検討しなければならないことはたくさんあると思われる。その場の状況に応じた的確な配慮や様々な指導上の工夫が求められよう。

相手の声や周囲の音が十分に聞こえないことに加えて、聴覚障害児は難聴に伴う不明瞭な発音や言葉の発達の遅れ等により、自分の言いたいことが上手く相手に伝わらないこともある。まずは目の前の子どもとしっかり向き合い、かかわり合いの中で実践を重ね、気持ちが通じ合えるスポーツ活動にしていくことが重要であると考える。

（渡邊明志）

●文献
・中野善達・齋藤佐和 編 (1996)『聴覚障害児の教育』福村出版
・渡邊明志・金子利明・半沢康至 (2006)「アンケート調査からみた聴覚障害児の体育指導と音活用の検討」『筑波大学附属聾学校紀要』28：63-69.
・渡邊明志 (2010)「聴力の弱い子に向き合う教師の基本姿勢」『体育科教育』第58巻第2号：30-33.
・筑波大学附属聴覚特別支援学校中学部 編 (2010)「教科指導と読み書き・ICT活用－中学部における実践事例－」聾教育研究会

④ 肢体不自由
〈障害の基礎知識〉
▶障害の原因と分類

肢体不自由とは、四肢（上肢、下肢）と体幹（頸部、胸郭から骨盤までの部分）の構造の障害や運動機能もしくは感覚機能に障害がみられる状態である。上肢（肩、上腕、前腕、手掌、手指）と下肢（大腿、下腿、足、足指）の障害には、欠損、切断、変形、筋の異常緊張、筋力低下、関節可動域の制限、不随意運動等がみられる。上肢に障害があると物を操作することが上手くできないため、「つかむ、握る、たたく、引く、投げる、捕る、道具を使う、泳ぐ（手で推進力を得る）」などの運動に難しさがみられる。下肢に障害があると、立つことと移動することに制約が現れるため、「立位でバランスをとる、歩く、走る、跳ぶ、またぐ、蹴る、泳ぐ（足で推進力を得る）」などの運動に難しさがみられる。体幹の障害には変形、筋の異常緊張、筋力低下、関節可動域の

制限、不随意運動がみられる。体幹は、姿勢を安定させたり姿勢を変化させる役割があるため、体幹に障害があると、「座る、立つ、起きあがる」といった、姿勢や体位の変化が必要となる運動に難しさがみられる。

また、四肢に同程度の障害がある場合は「四肢麻痺」、四肢に麻痺があるが上肢の障害が下肢の障害よりも軽い場合は「両麻痺」、下肢のみに障害がある場合は「対麻痺」、身体の片側だけに障害がある場合を「片麻痺」という。肢体不自由は、障害を有する原因により大きく分けて以下のように分類される。

---

① 脳の損傷に起因する障害 ……… 脳性麻痺、脳炎後遺症、脳卒中、頭部外傷 等
② 脊髄の損傷に起因する障害 …… 脊髄損傷、二分脊椎
③ 筋の疾患に起因する障害 ……… 筋ジストロフィー、筋萎縮症
④ 骨の疾患に起因する障害 ……… 先天性骨形成不全症
⑤ 関節の疾患に起因する障害 …… 多発性関節拘縮症

▶ 脳の損傷による障害 (1) 脳性麻痺

脳性麻痺は、胎児期から生後約1ヵ月に脳の運動中枢に損傷を受けたことが原因となる。四肢や体幹に筋緊張の亢進や低下を招き、運動や移動場面で運動障害を生じたり坐位や立位等の姿勢保持が困難になる。障害は進行しないが、運動障害の様相は成長や加齢により経年変化がみられ、二次障害が出現することもある。また、知的障害等を併せもつ重複障害も多くみられる。脳性麻痺の原因の約90％は、低出生体重児に発症する脳室周囲白質軟化症（PVL）が占める。PVLとは、脳室内の血管が未発達な低出生体重児が脳の血流の減少により脳室周囲白質に虚血性（酸素不足）の壊死を生じるものである。脳性麻痺は、障害の状態により、痙直型、アテトーゼ型、その他に大別できる。

痙直型では、身体を動かすとき常に筋が緊張して力の入った状態が続く。そのため、運動の協調性が制限され、四肢や体幹をスムーズに動かすことができずぎこちない動きとなる。上肢は肘関節の屈曲、手関節の掌屈がみられ、「握る、離す、つまむ」など巧緻性が求められる運動に難しさがみられる。下肢は、股関節、膝関節ともに屈曲したまま伸ばすことが難しく、足関節は尖足（底屈）となり、立位がとれるケースでもバランスの悪いつま先立ちになる。「走る、跳ぶ、またぐ」などの運動が困難となり、多くのケースが手動もしくは電動車いすを使用している。脳性麻痺の6割以上がこの型である。

次に、アテトーゼ型では、筋の緊張を一定に保つことが難しく、また、身体の一部を動かそうとすると他のさまざまな部位に不随意運動（意志に反して身体が揺れるように動く）を生じるために意図した運動が行いにくくなる。不随意運動は精神的緊張にも影響を受け、上肢、頭部、顔面に顕著にみられ、唇や舌、のどの動きもコントロールできずに構音障害を伴うケースが多くみられる。四肢麻痺のケースが多く、下肢よりも上肢の障害が重い傾向がある。したがって、走ることができても、ボールやラケット等の操作が難しく上肢の運動全般に困難さがみられる。また、

足で地面を蹴って車いすを使用するケースや電動車いすのコントローラーを足で操作するケースもある。

その他としては、位置感覚やバランス感覚の障害によるふらつきや手の細かな運動に障害がみられる失調型、いくつかの型の症状が混在する混合型がある。

▶脳の損傷による障害（2）脳外傷後遺症

脳外傷後遺症は、転倒、転落や交通事故等で頭部に外傷を生じ、脳に損傷を受けたことが原因となる。脳は、特定の部位が特定の機能を司るため、どの部位が損傷を受けたかで障害の現れる部位が特定される。脳の片側の損傷による左右どちらか半身の上下肢に障害が現れる片麻痺が多く、言語障害、認知障害等を伴うことがある。脳血管障害も同様の症状が現れる。

▶脊髄の疾患による障害（1）二分脊椎

二分脊椎は、胎児が発育する際に椎骨の一部分が形成されず脊髄神経がはみだして神経繊維が遮断された疾患である。主に下肢の運動障害、感覚障害と膀胱直腸障害が現れる。脊髄神経が遮断された部位により運動障害と感覚障害の現れる部位が異なる。神経の遮断が背部の低い位置にあれば歩行も可能となり、高い位置にあると下肢だけでなく体幹にも障害が現れる。運動障害は弛緩性の麻痺のため、筋を動かすことができない。感覚障害のある部位は、熱さや痛みを感じられない。膀胱直腸障害は排尿・排便のコントロールが困難となる。

▶脊髄の疾患による障害（2）脊髄損傷

脊髄損傷は、転落・転倒や交通事故、スポーツ中の外傷による脊髄の損傷が原因となる。二分脊椎と同様に、運動障害、感覚障害と膀胱直腸障害が現れる。通常、脊髄を損傷した部位より下部に障害がみられ、頸髄損傷は四肢と体幹に障害（四肢麻痺）が現れ、胸髄・腰髄損傷は両下肢に障害（対麻痺）が現れる。

▶筋や骨の疾患による障害（1）進行性筋ジストロフィー

進行性筋ジストロフィーは、筋の萎縮を原因とする筋力低下が加齢とともに進行する疾患である。体幹や臀部等の比較的大きな筋から筋力低下が顕著になり、姿勢の崩れ、歩行困難、上肢作業困難、呼吸の難しさの順に症状が現れる。3～5歳で筋力の低下に気づくことが多く、徐々に歩行に困難さがみられるようになる。10～12歳頃に手動車いすを利用した生活になり、最終的には電動車いすの使用が必要となる。

▶筋や骨の疾患による障害（2）先天性骨形成不全症

先天性骨形成不全症は、骨の形成・発育が悪いために骨がもろく骨折を起こしやすい遺伝性の疾患である。日常生活で骨折と治癒を繰り返すために身長は比較的低身長となり、上肢や下肢は短く変形がみられることがある。成長とともに骨折の頻度は減少する。

〈体育指導上の配慮事項〉

▶ 肢体不自由児の発達の特性と運動

　肢体不自由児は、ボディーイメージの発達に遅れや偏りがみられることがある。筋の異常緊張や不随意運動、関節の動きの制限が姿勢や運動の調整を妨げるため自己の身体を意識する経験を阻害することが一因となっている。これら特徴は先天的な障害を有する子どもに多く、運動場面では「整列で列を整えられない」「手本で示された動きを正確に模倣できない」「自分の体に合わせて用具の動きを調整することが難しい」などの様子がみられる。そのため、体育指導にあたっては、さまざまな運動・感覚の体験や姿勢の変化と言語の統合を通してボディーイメージの発達を促すことが求められる[4]。指導場面では、視覚的情報と言語的情報を具体的かつ段階的に提示すること、正しい運動の体感をゆっくり繰り返して行うこと、自発的にできない動きも他者に補助されながら動きの経験を重ねることでさまざまな感覚経験を得ること等を配慮する[6]。

　また、空間認知の発達にも遅れがみられることがある。

　視覚により対象物を正確に知覚する過程と知覚したものを過去の経験や知識に照らし合わせて判断する過程を通して、形を捉えたり、空間を把握する大切な能力として視覚認知がある。脳性麻痺児は、視覚認知の障害を合併する頻度が高く、低体重で出生した場合はさらにその頻度が高くなる。脳血管障害等で右脳にダメージを受けた場合（左半身麻痺）も視覚認知の障害を有することがある。運動場面では「コート内でのポジションが分からない」「コースやコートからはみ出す」などの様子がみられ、運動の難しさにつながる。このようなケースの指導では「視覚的情報は繰り返し提示する」「具体物や身体の部位を基準にしてことばで説明を加える」「紛らわしいラインを隠す」など環境を工夫することが有効となる。

　加えて、空間の上下、前後、左右の方向性といった方向概念の形成と運動の関係にも注意したい。

　方向性に対する認知は、行動空間における自己身体を基準とした上下、前後、左右の知覚的・運動感覚的経験とこれらに対応した「うえ」「した」等のことばと連合させることで形成される。障害のない子どもの自己の身体を基準とした空間方向に対する理解は、上下方向が3～4歳、前後方向が5～6歳、左右方向が7～8歳といわれている[1) 2)]。肢体不自由のある子どもたちは、上下、前後、左右の方向を自己の体の部位と結合させて固定的に把握してしまい、空間の物理的上下や他者の体の前後左右に視点を移動しえない特徴がみられるケースがある。サッカー等のゲーム中は展開に応じてボール、相手選手、コート等を対象として視点を切り替えることが求められるが、方向概念が未形成であると自分の方向を見失ってしまう。このようなケースは、「○○君の近くに動け」「自分のゴールの前に走れ」など具体物を基準にして指示することが大切である。

▶ 脳に損傷のある人への配慮事項

「筋緊張の増長」

　運動しようとすると全身もしくは運動に不要な部位の筋緊張が高まり、運動や姿勢保持が難しくなる。したがって、運動を行う前に十分なストレッチを行うことで筋の緊張を和らげることが

重要になる。ただし、介助者が他動で無理に関節の可動域を広げようとすると、脱臼や骨折を招くので注意が必要である。また、筋力トレーニングは体力を高め動きの改善に有効だが、筋の緊張を高めるためトレーニング後のストレッチが欠かせない。

「不安定なバランスによる転倒」
　運動中は座位バランス、立位バランスを崩すこともあるため転倒に対して配慮する。立位のとれるケースでも種目によっては車いすを使用することで運動しやすくなる。

「心理面の影響」
　筋緊張や不随意運動は心理面の影響を強く受ける。過度の励ましでプレッシャーがかからないような声かけを心がける。

▶脊髄に疾患のある人への配慮事項

「感覚障害のある部位のけが」
　感覚障害のある部位はけがをしても気づかず、治りも悪いため傷を作らないよう注意する必要がある。特に、汗をかいた後やプールでは皮膚がふやけて傷を作りやすいのでプールサイドでの入退水や車いすの乗り降りに注意が必要である。また、車いす上で同じ姿勢を続けると血流が滞り臀部に褥瘡ができ易くなるので、こまめに姿勢変化を行う。

「排泄のコントロール」
　尿や便のたまりに気づくことが難しいため、運動前の排泄を習慣化するとともに、休憩時に排泄に対する声かけを行う必要がある。水泳については主治医への相談が必要だが、排便（前日の洗腸、当日朝の排便）の確認と入水直前に排尿すれば参加できる。

「体温の調節」
　体温調節の難しいケースは、運動中や運動後に体温の上昇がみられる。その場合は、頸部、腋の下、股関節等のリンパ節のある部位のアイシングや風通しのよい日陰で身体を冷やすようにする。

「起立性低血圧（脳貧血）」
　頸髄損傷と胸髄上部の損傷のケースは、臥位（寝た）姿勢から座位姿勢になるなどの姿勢変化により血圧が低下しても交感神経障害のために血圧が回復せず、脳貧血の症状を示すことがある。このような場合は座位姿勢で前屈して頭部を低い位置にするなどの方法で対処し、症状が治まるまで運動を控える。特に起床後は起立性低血圧を起こしやすく、徐々に身体を動かすようにする。

▶ **筋や骨に疾患のある人への配慮事項**

「運動過多（疲労）による筋の損傷や骨折」

　一般的にトレーニングによって筋に負荷がかかると、その回復過程で筋が発達する（オーバーロードの原則）。しかし、筋疾患のケースは筋への負荷から回復せずに筋の萎縮につながる。また、骨疾患のケースでは、運動による疲労の蓄積が疲労骨折につながることもある。筋疾患と骨疾患のどちらも本人が少しでも疲労を感じたら運動を中止する。

「運動中の接触や骨への過負荷による骨折」

　運動中の他者との接触は、骨折の原因となる。水泳中も、隣を泳ぐ人の蹴り足に蹴られることで骨折することもある。また、骨は捻りの力に弱い特徴があるため、捻りの運動を行うときは注意が必要である。骨折を起こしやすい骨疾患だけでなく、筋疾患を有するケースも筋の弾性や筋力による過負荷に対する防御ができないため骨折に配慮する必要がある。

▶ **既存の種目における指導の工夫**

「ルールを変更する」

　参加者の障害の状態に応じて、ルールを変更する。例えば、車いすテニスでは、ツーバウンドしたボールを相手に打ち返すことができる。車いすバスケットボールでは、ドリブルの代わりにボールを床についた後、車いすを２回こぐことができる。ただし、過度なルール変更はどんな種目を行っているか、どの運動技能の向上を目的としているかが不明瞭になるので、必要最小限の変更にとどめることが大切である。また、種目の特徴となる運動技能に関するルールは変更しないようにすることも大切である。

「用具を工夫する」

　肢体不自由により特定の運動技能を行うことが難しい場合、その技能を補助するために他競技の用具の使用や補助具を使用して参加しやすくする。例えば、ソフトボールの参加時にバットとボールをテニスラケットとテニスボールに代えたり、ボウリングやターゲット型スポーツを行う時にボールを転がすことが難しいケースは投球台を使用する。用具の工夫は、難しい技能を補うことを目的とする。よい結果を得ることだけが目的ではないので他の参加者よりも競技力が著しく高くならないように配慮するとともに、用具を使用する参加者が努力する余地を残すことが大切である。

「活動範囲を工夫する」

　移動能力やボールを扱う能力に応じて、走る距離やコートの大きさ等の活動範囲を工夫する。ネット型の種目ではネットの高さを低くしたり、バスケットボールでは低いゴールを設置する。また、上肢の障害があるケースや空間認知の発達に遅れがあり空間のボールを扱うことが難しい場合、空間（三次元）で弾むボールの動きを平面（二次元）の動きに変更させる。ゴロバレー、

ゴロ卓球等はボールをネットの下を通過させてゲームを行う。

「ポジションや役割の設定を工夫する」

　障害の重い子どもは、他の仲間と移動スピードが異なること、接触によるけが等の安全上の理由から同じコート内で球技を楽しむ機会が限定される。このような場合、特別なポジションを設定することで参加できるようになる。東京都肢体不自由特別支援学校で行われているハンドサッカーでは、障害の重い子どものためにポイントゲッター（以下、「PG」という。）という特別なポジションが設定されている。PGはコート外の相手のゴール横に位置取り、仲間は相手ゴールにシュートするかPGにパスすると得点となる。さらにPGにはパスを受けた後に1本のフリースローが与えられ、成功すれば得点を挙げることもできる。

▶ **障害の特性に合わせた運動種目の作成ポイント**

　障害のある人が球技を楽しめるように、障害の特性に合わせてさまざまな運動種目が作られている。肢体不自由児者が楽しめる運動種目を作る場合は、以下のポイントに留意するとよいだろう。

---
① 安全であること。
② インプレーの状態を長く保つ。
③ ルールは単純でわかりやすくする。
④ 特別な技術や用具を必要としないもの。
⑤ 補助（介助）が最小限でよいもの。
⑥ ポジション等の工夫で多様な障害をもつものが一緒に参加しやすいこと。

表1-5　肢体不自由児者に適した体育・スポーツの種目

一般的な種目	水泳、陸上競技、ダンス・表現運動　等
ルールの変更等で障害に適応させた種目	車いすバスケットボール、車いすテニス、陸上競技（スラローム）、武道　等
ニュースポーツ	ボッチャ、フライングディスク、ティーボール、グラウンドゴルフ　等
障害に応じて考案されたスポーツ	ハンドサッカー、電動車いすサッカー、ローリングバレーボール　等

〈障害の重い子どもに対する体育・スポーツ〉

　障害の重い子どもは、障害を重複して有する場合や重度の知的障害を有する場合が多く、重度・重複障害児、重症心身障害児と呼ばれている。障害の重い子どもたちは自発的な運動が難しいだけでなく、指導者や仲間とのコミュニケーションが困難なケースが多いため、体育やスポーツの指導に難しさを感じる。しかし、運動機能の発達は、感覚機能や認知機能と相互に関連しながら発達する。自発的な運動が難しい障害の重い子どもにとっての体育・スポーツは、これら身体機

能の発達を援助するだけでなく、五感を使い人や環境とかかわりを広げ、健康の増進、情緒の安定、対人関係の構築、コミュニケーション能力の向上、集団への参加の意欲等さまざまな効果が期待される。目標や指導する内容の設定に関する基本的な考え方は、他の肢体不自由児者の指導と変わらない。一人一人の個別要素として運動・動作、姿勢、健康上の特徴、認知の特性を整理することと、系統性の要素として一般的な運動機能、感覚機能、認知機能の発達段階や体育・スポーツの基礎的な運動技能の発達段階を整理し、個別性の要素と系統性の要素のすりあわせから個に応じた目標と指導種目を設定することが大切である（図1-19）。指導上の配慮には、以下の内容が挙げられる。

① 子どもの得意な運動から発展させる（好みの運動から、新しい運動へ）。
② 対照的な運動を取り入れる（素早い動きとゆっくりした動き、小さい動きと大きい動き）。
③ 興味ある教材を利用する（光、音等）。
④ 弾む、揺れる、滑る等の運動の中で前庭感覚、筋運動感覚、固有受容覚を刺激する。
⑤ 身体各部を補助しながらさまざまな動きを体感させる。

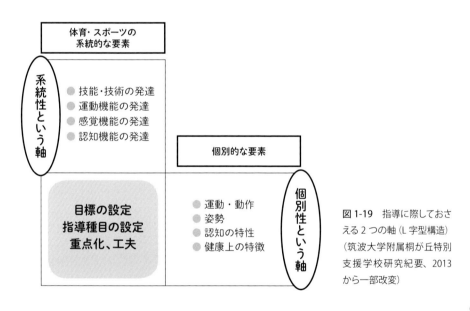

図1-19　指導に際しておさえる2つの軸（L字型構造）（筑波大学附属桐が丘特別支援学校研究紀要、2013から一部改変）

（松浦孝明）

●文献
(1) 干川隆（1993）「脳性まひ児の方向概念の発達に関する研究」『特殊教育学研究』30, 5: 19-27.
(2) 勝井晃（1968）「方向概念の発達的研究 —空間方向に関するコトバの理解を手がかりとして—」『教育心理学研究』16, 1: 42-49.
(3) 日本ハンドサッカー協会『ハンドサッカー競技規則 2010』
　　handsoccer.jimdo.com（参照 2015年10月12日）
(4) 澤江幸則ほか 編（2014）『〈身体〉に関する発達支援のユニバーサルデザイン』金子書房. 162-171.
(5) 筑波大学附属桐が丘特別支援学校（2013）「特別支援教育に関する教育課程の編成等についての実践研究」『筑波大学附属桐が丘特別支援学校研究紀要』48: 16.
(6) 全国心身障害児福祉財団（2010）「第4節 体育科の指導」『肢体不自由教育ハンドブック』163-166.

⑤病弱

　病気のため病院等に入院療養中の病弱児に対する教育の場としては「病弱特別支援学校」および「小中学校の院内学級」等が設けられている。このうち、病弱特別支援学校の大半は病院等に隣接（併設）して設置されている。なお、「院内学級」とは病院の近隣の小中学校を本校として病院内に設けられた特別支援学級の通称である。

　また、入院を必要とせず医療機関に通院している病弱児は、小中学校の通常の学級または学校内に設置されている病弱・身体虚弱特別支援学級に通学しているが、症状によっては病弱特別支援学校に自宅等から通って学んでいる場合もある。

　病弱の児童生徒の病気の種類は多様化しており、従来のぜん息、腎臓病、心臓病、小児がん等に加えて不登校を伴う心身症が急増し、統合失調症等の精神疾患や難病も漸増している。さらに、近年になって発達障害を伴った病弱児が増加しつつある。

　ここでは、小中学校等の児童生徒にもみられる病気のうち、体育指導上特に配慮が必要な身体的な病気について取り上げる。

○運動制限のない病気

　運動制限のない病気とは、発作等のないときは健康な児童生徒と同じような身体活動ができる場合（例：ぜん息、てんかん）、適切な運動を積極的に行うことが健康状態の回復・改善にとって効果的な場合（例：ぜん息、糖尿病）を指している。

　ここでは、ぜん息、てんかん、および糖尿病を取り上げる。

〈病気の基礎知識〉

▶ぜん息の概要と保健管理

　アレルギー体質をもっている場合、ダニ、ハウスダスト、花粉または真菌等の抗原に対して気道が異常な過敏反応（アレルギー反応）を起こすことにより、気管支を取り巻いている輪状筋の異常収縮や粘膜の浮腫による気道の狭窄、多量の粘液分泌による気道の閉塞のため、呼気性呼吸困難の状態になる。このため、喘鳴、咳、痰が主症状として生じ、重症の場合はチアノーゼ*や起座呼吸**を伴うこともある。

　小児期の患者は年々増加しているが、近年になってアレルギー反応や気管支収縮を抑える有効な薬剤が開発されて治療法が急速に進歩しており、入院患者は減少している。

　病気の保健管理としては、日常的には、ピークフローメーター***により瞬間最大呼気流量（ピークフロー値）を測定して呼吸器の状態を確認し、ぜん息発作を予防したり、改善したりするための目安とする。身体活動を行う際の留意点として、体育館等の屋内で活動する場合には、塵埃が多量に浮遊するのを防ぐため、屋内の清掃を励行して衛生管理に努めるようにする。

　また、気温の低い乾燥した環境での身体活動は、気道を刺激しやすいので留意するとともに、風邪やインフルエンザ等の呼吸器感染症が引き金となり発作の起きる場合があるので、特に冬季

は呼吸器感染症の予防に努める必要がある。

なお、児童生徒がぜん息発作を起こした時は以下の対応をする。

- 衣服を緩め、楽な姿勢をとらせる。
- 腹式呼吸をさせて呼吸を整える。
- 水（お茶）を飲ませて痰を出す。
- 背中を軽くタッピングして痰を出しやすくする。
- 様子をみて症状が良くならなければ保護者に連絡し、医療機関で受診する。

＊ チアノーゼ：血液循環の低下に伴い、血液中の酸素が欠乏して鮮紅色を失うため、唇等の粘膜や皮膚が紫藍色になること。
＊＊ 起座呼吸：臥位では呼吸が苦しいため、それを和らげるため上半身を起こしてものに寄りかかる姿勢をとって呼吸すること。
＊＊＊ ピークフローメーター：強い息を瞬間的に吐いたときの最大呼気流量（ℓ/分）を測定する機器で、携帯できる簡易ピークフローメーターを使うと便利である。

▶ てんかんの概要と保健管理

　てんかんは、脳の神経細胞に異常な電気的興奮が発作的に起こり、そのため、意識や運動、感覚等の突発的な異常を来す病気である。てんかんは、胎生期の脳の形成異常や生後の脳炎後遺症等、脳の器質的異常によって起こる場合（症候性てんかん）と原因が不明で発症の要因を特定できない場合（特発性てんかん）に分けられるが、約半数は原因が不明である。

　また、てんかんは脳波検査等によって精密に診断され、患者一人一人の状態に適合した薬を続けて服用することにより大半は発作をコントロールすることができる。なお、この病気は誤解されやすいが、遺伝したり伝染したりすることはない。

　病気の保健管理としては、規則正しく薬を服用することが大切であり、特に校外の宿泊を伴う学校行事等において薬を飲み忘れないようにする必要がある。また、服薬に伴い副作用（眠気等）を生じることがあるので、事故が起きたりしないよう留意する。特に転倒発作では頭部外傷の危険を伴うので、発作の頻度が高い場合は保護帽を着用する。

　なお、児童生徒がてんかん発作（全身けいれん発作）を起こした時は以下の対応をする。

- 発作の様子を観察し、発作が治まるまで見守る。
　　発作は、一般に数秒から数分で収まるが、発作が10分以上続く場合は救急車で医療機関に搬送して受診する。
- ボタンを外して衣服を緩める。
- 吐くことがあるので顔を横に向ける。
- 石油ストーブ等の危険なものを遠ざける。

　なお、体を揺すったり、声を掛けたり、口の中にハンカチ等を詰め込んだりしないよう留意する。

▶糖尿病の概要と保健管理

　糖尿病は、インスリンというホルモンの欠損または不足のため、ブドウ糖をカロリー源として細胞内に取り込むことのできない代謝異常である。これを分類すると、インスリン依存性糖尿病（若年型糖尿病：Ⅰ型）とインスリン非依存性糖尿病（成人型糖尿病：Ⅱ型）等がある。このうち、小児の場合はⅠ型が大半であるが、Ⅱ型も増加する傾向にある。糖尿病の治療の基本は、インスリン療法（注射）、食事療法および運動療法である。

　病気の保健管理としては、Ⅰ型糖尿病は、先天的にインスリンが欠損しているため、生涯にわたって毎日（数回ずつ）インスリンの注射をする必要がある。この場合、小学校高学年以上になると、一般には主治医の指導により自己注射ができるようになるため、学校生活の中で自己血糖測定や昼食前の自己注射をすることもあるので、周囲の理解が大切である。

　他方、Ⅱ型糖尿病は、遺伝因子と環境因子（過食や運動不足）が複雑に絡み合っているといわれており、インスリンの作用不足により発症する。一般に肥満のみられることが多く、適正な食事管理と運動の励行が必要となる。なお、食事と運動で血糖をコントロールできない場合は、経口血糖降下剤を服用したり、インスリン療法が必要になることもある。

　また、低血糖の状態になることがあるので、その場合はただちに角砂糖等を口にするなどして糖分を補給する必要がある。

〈体育指導上の配慮事項〉

　発作等のない時は健康な児童生徒と同じように運動することはできるが、病気の種類ごとに必要な指導上の配慮事項を述べると以下のとおりである。

▶ぜん息の児童生徒への配慮

　急に激しい運動をすると発作（運動誘発性ぜん息）を起こすことがある。そのため、準備運動を十分に行い、急に激しい運動をしないよう留意する。運動誘発性ぜん息が起こりやすい運動種目には、サッカー、ラグビー、バスケットボール、短距離疾走等がある。なお、水泳は最も発作が起こりにくい運動種目とされている。

▶てんかんの児童生徒への配慮

　ボクシングのように頭部を打撃するような運動種目以外の制限はないが、激しい運動等により発作が誘発される場合は運動制限が必要となる。特に水泳指導では監視を十分に行い、もし発作が起きたらすぐ対応できるようにする必要がある。

　なお、水泳中よりもむしろ水泳後にプールサイドで休んでいるときに、疲労に伴い脳波異常が生じ、発作の起こることがあるので、適宜休憩をとり疲れすぎないように留意する。この点は他の運動種目でも同様である。

▶ 糖尿病の児童生徒への配慮

　毎日一定の運動を続けることにより、血糖の状態が改善されることが期待できる。運動の種類としては、ジョギング、散歩、体操等の全身運動になるものが望ましい。この場合、運動はなるべく食後に行うようにし、空腹時の運動は避ける。

　運動中に低血糖の状態になった場合は、ただちに運動を止めて休憩し糖分を補給する。その際、Ⅰ型糖尿病の子どもは、糖尿病のキャンプ等で低血糖の状態を体感し、糖分の補給について学習している場合が多いので、中学生以上では糖分の補給等について生徒の自主的な判断に任せることも大切である。

　他方、Ⅱ型糖尿病では前述したように肥満を伴うことが多いので、運動嫌いにならないよう児童生徒の興味ある運動や無理なく長続きできる運動を選び、運動する習慣を身につけさせることが大切である。

〈運動の具体例〉

　ここでは、特別支援学校の自立活動として一般に行われているぜん息体操および水泳を運動の具体例として取り上げる。

▶ ぜん息体操

　ぜん息体操は、腹式呼吸法の習得と呼吸運動に関与する筋群の強化を通して、呼吸機能の改善・向上とぜん息発作の予防・軽減を目的とする体操で、ぜん息の児童生徒の自立活動として取り入れられている。

　腹式呼吸法は、強い息を長く吐けるようにすることをねらいとしている。具体的な方法は、立位または座位の姿勢をとり、両手を腹部に当ててお腹を膨らませながら鼻から素早く息を吸う。続いて2～3秒間息を止めてから、お腹をへこませながら鼻と口から強い息を長く吐く（これを繰り返して行う）。

　この場合、肩を挙げたり、上体に力を入れたりしないよう留意する。

　また、児童生徒が興味をもって腹式呼吸法に取り組むことができるように、例えば、呼気の持続時間を計測したり、離れた所にあるろうそくの火を吹き消したりするなど、指導法を工夫するとよい。

　また、ぜん息体操は、呼吸運動に関与する胸筋・腹筋・背筋等の筋群の伸展性および筋力の向上をねらいとした運動群によって構成されている。このうち、筋の伸展性を高める運動は、肩、胸部、腹部等のストレッチの運動であり、また、筋力を高める運動は、仰臥上体起こし、伏臥上体反らし、腕立て伏臥腕屈伸等の運動である。

　この体操の継続的な実践によって呼吸機能が改善されると、ぜん息発作の予防や軽減が図られ、また、軽い発作では腹式呼吸によって発作が治まることもある。このため、体育やスポーツにおいては、ぜん息体操を準備運動等に取り入れることも考慮する。なお、ぜん息でない児童生徒にとってもぜん息体操は、健康の保持・増進の上で有効である。

▶水泳指導

　水泳は、先に述べたように運動誘発性ぜん息の起きにくい運動であり、呼吸筋を鍛えるとともに、強い息を長く吐くという呼吸法の習得にも有効である。

　特別支援学校における自立活動の指導は、学校の教育活動全体を通して行うことになっており、体育の水泳指導においても自立活動に配慮する必要がある。ただ、体育指導では運動技能としての「クロールや平泳ぎの技能を身に付け、続けて長く泳げるようになる。」（小学校体育）など、体育本来の目標達成を目指すことが主である。このため、水泳という活動を通した「強い息を長く吐けるようになる。」などは、あくまで副次的なねらいとして取り扱うことが大切であり、呼吸運動の指導に重きを置きすぎて体育の目標達成に支障を来したり、子どもが水泳に興味を失ったりしないよう留意する必要がある。

　また、ぜん息児の自立活動として水泳を取り上げる場合には、「強い息を長く吐けるようになる。」など呼吸機能の改善を主たるねらいとして指導することが大切である。その際、泳法の技術的な指導に重きを置くと体育との違いが不明確になり、自立活動の目標達成に支障を来すことになるので留意する必要がある。

○運動制限のある病気

　運動制限のある病気とは、運動の仕方によっては病状や健康状態を悪化させる恐れのある場合であり、ここでは、腎臓病、心臓病および血友病を取り上げる。

〈病気の基礎知識〉

▶腎臓病の概要と保健管理

　腎臓の機能低下をもたらす病気にはさまざまな種類があるが、小児期に比較的よくみられるのは「慢性腎炎」である。この病気は小児期のすべての年齢で発症するが、学齢期に多くみられる。主な症状は蛋白尿と血尿であり、高血圧や浮腫を認めることもある。大半は無症状に経過するが、学校検尿や幼児検尿等の尿検査で発見される場合が多い。

　なお、適切な治療をせずに病状が悪化し、腎臓機能が著しく低下すると、人工透析や腎移植の必要な末期腎不全に進行することもある。

　腎臓病の治療の基本は、薬物療法（ステロイド療法ほか）、食事療法および生活指導（身体活動の制限、安静等）である。

　病気の保健管理としては、日常生活では食事制限（塩分やタンパク等の摂取制限）や運動制限等が必要であり、学校給食や体育等の指導において適切な配慮が不可欠である。

　なお、風邪やインフルエンザにかかると症状が悪化することが多いので、特に冬季の呼吸器感染症の予防に留意する必要がある。

▶ **心臓病の概要と保健管理**

　小児の心臓病には、心室中核欠損、心房中核欠損、肺動脈狭窄等の先天性のもの、心内膜の病気や心筋炎等の後天性のもの等がある。また、症状はさまざまであるが、心雑音、チアノーゼ、呼吸困難および易疲労性（疲れやすさ）等がみられる。

　心臓病の治療の基本は、症状により経過観察、生活指導、内服薬治療等があるが、重症の場合は手術を要することがある。なお、先天性心臓病の児童生徒は、学齢期までに手術を終えていることが多い。

　病気の保健管理としては、日常生活では、症状に応じて運動制限が必要であり、身体活動により疲労しないよう留意する。特に手術の後では一定期間の活動制限が不可欠であり、保護者や主治医との連絡を密にして、必要な配慮や生活指導を心がける。

　また、インフルエンザ等の感染症の予防に努めることも大切である。

▶ **血友病の概要と保健管理**

　血友病は、関節腔等に出血を起こしやすく、また、出血するとなかなか止まりにくいことを主症状とする病気である。この病気は、抗血友病因子の注射により症状の発現を予防したり、出血の程度を軽くすることが比較的容易にできる。なお、症状の程度によっては入院治療を必要とすることがある。

　病気の保健管理としては、出血しやすいことを考慮し、集団活動の中で衝突や転倒等に伴う打撲や外傷を起こさないよう留意する。特に、生命の危険のある頭蓋内出血、頸部および腹腔内出血の防止に心がけ、もし出血した際の対応の仕方について日頃から確認しておく必要がある。

〈**体育指導上の配慮事項**〉

　運動制限のある病気の児童生徒に対する体育指導上の配慮事項として共通する点は、運動の種類、運動の強度、運動の持続時間および運動の頻度（週当たりの回数等）を一人一人の病気の状態や体力、年齢等を考慮して定めることである。

　この場合、具体的には日本学校保健会の作成による「学校生活管理指導表」に基づく主治医の指導により、運動等の身体活動の種類や程度等を決めるようにする。

　また、スポーツ種目に楽しく参加できるためには、ルールや用具の工夫等が求められる。すなわち、あらかじめ決められたルールに参加者を当てはめるのではなく、病気の種類や程度にかかわらず、一人一人が自分の力を発揮して楽しめるルール作り、使いやすい用具の開発等が必要である。

　この場合、ゲームの進め方やルール等について、できるだけ児童生徒に考えさせ、話し合いをさせて決めることが大切である。

　なお、運動中の事故等を防ぐため、風邪の症状があるときは運動をさせないよう留意する。

　次に、病気の種類ごとに必要な配慮事項を述べると以下のとおりである。

▶ 腎臓病の児童生徒への配慮

　腎臓病の児童生徒の指導では、特に次の点に留意する。
- ①強い怒責作用を伴う運動（例：重い物を持ち上げる運動）、②寒冷の中での運動、③長時間にわたる立位姿勢の保持、④強い前屈姿勢等を避けるようにする。
- ステロイド剤を長期間服用している児童生徒については、筋力の低下や骨の異常が生じやすいので、衝突や転倒等による骨折の防止に努める。
- 活動量や活動時間、休憩の取り方等を適切に定める。

▶ 心臓病の児童生徒への配慮

　病型や病状等に応じて、活動量や活動時間、休憩の取り方等を適切に定め、特に呼吸・循環機能に負荷のかかる運動では、無理をさせないよう十分留意する。
　また、ボールが胸に当たるなど、心臓が強い打撃を受けないようにする必要がある。

▶ 血友病の児童生徒への配慮

　血友病の児童生徒にとって適度な運動（特に水泳）は筋力と関節周囲の強化に有効なので、継続して取り組ませることが望ましい。
　また、関節（特に肩、肘、手首、膝、足首等）に負担のかからない運動を課すようにする。

［注］学校生活管理指導表：主治医が病気の児童生徒について病状等を診断し、それに基づき以下の点について判断して表に記入する。
　　①指導区分
　　　A：在宅医療・入院が必要、B：登校はできるが運動は不可、C：軽い運動は可、D：中等度の運動まで可、E：強い運動も可
　　②参加できる運動強度
　　　・軽い運動：同年齢の平均的児童生徒にとって、ほとんど息がはずまない程度の運動。
　　　・中等度の運動：同年齢の平均的児童生徒にとって、少し息がはずむが、息苦しくはない程度の運動。パートナーがいれば楽に会話ができる程度の運動。
　　　・強い運動：同年齢の平均的児童生徒にとって、息がはずみ息苦しさを感じるほどの運動。
　　③その他の活動
　　　運動部（運動クラブ）活動、文化的活動、学校行事等の活動への参加について
　　なお、学校生活管理指導表は、小学生用と中学・高校生用の２種類があり、平成23年度に改訂されている。

〈運動の具体例〉

　運動制限のある児童生徒を対象に特別支援学校等で実践されている運動種目のうち、ここでは風船（ソフト）バレー、ゴロ卓球およびミニホッケーの３種目を簡単に紹介する。
　いずれの運動種目も運動量を少なくすることができ、児童生徒一人一人の運動制限の状態や体力等に応じて参加することができる。
　また、コートの広さ、ネットの高さ、用具およびルール等については、参加する児童生徒の実態に応じて工夫することが必要である。

▶風船(ソフト)バレー

　バドミントン用のネットを張り、数人で1チームとなって2チームがネットをはさんで向き合い、風船を使ってバレーボールをする。この場合、風船以外の軽いボールを使ってもよい。

▶ゴロ卓球

　卓球台のネットを高く張り、数人で1チームとなって2チームがネットをはさんで向き合い、ネットの下をボールが転がるように互いにボールをゴロで打ち合う。なお、1チームの人数が3人以上の場合は、卓球台の後ろだけでなく、台の横に立ってもよい。

▶ミニホッケー

　2チームに分かれ、ミニホッケー用スティック(プラスチック製の軽いもの)またはバドミントン用のラケットを使ってソフトテニス用ボール(またはプラスチック製のボール)を互いに打ち合い、相手のゴールにボールを打ち込めば得点になる。

（山本昌邦）

●文献
・山本昌邦　編著（1994）『病気の子どもの理解と援助　-全人的な発達をめざして-』慶応義塾大学出版会．pp.212-250.
・西間三馨・横田雅史 監修（2003）『病弱教育Q＆A　PART v　-病弱教育の視点からの医学事典-』ジアース教育新社
・全国特別支援学校病弱教育校長会 編著、丹羽登 監修（2012）『病気の子どものガイドブック　-病弱教育における指導の進め方-』ジアース教育新社
・宮﨑英憲・山本昌邦 編著（2014）『新訂 特別支援教育総論』（財）放送大学教育振興会．pp.118-129.

⑥ 発達障害
〈障害の基礎知識〉
▶ **発達障害とは**

　一般的な解釈としては、周産期（妊娠22週から出生後から出生後7日未満）や新生児（生後4週間まで）における遺伝、妊娠中や出産時の異常、乳幼児期の病気等のなんらかの理由により脳の発達が損なわれ、脳機能の発達に偏りがある「脳機能障害」といわれている。

　本来であれば、成長とともに身につくはずの言葉や社会性、気持ちのコントロール等が、未成熟であったり、アンバランスであったりして起こるものだと考えられている。

　注意力に欠け、落ち着きがなく、衝動的な行動をとる「注意欠如・多動症（ADHD）」、聞く・話す・読む・書く・計算する・推論するなど特定のことの習得と使用に著しい困難を示す「限局性学習症（SLD）」、社会性やコミュニケーション能力に問題のある自閉スペクトラム症（ASD）[注1]、等の総称ともいえる。

　発達障害は、本人の努力不足や怠け、家庭でのしつけの悪さ、環境等ではなく、脳の中枢神経系のなんらかの機能障害によるものと推定され、社会（学校）生活を送る上でいろいろな困難を引き起こしている。

▶ **注意欠如・多動症（ADHD）**

　ADHDの基本症状は、「不注意」「多動性」「衝動性」の3つの行動である。

　「不注意」とは、学業や仕事では注意持続の困難（例えば、忘れ物が多い、ものをなくすことが多い、提出期限を守れない、片付けや整理整頓ができないなど、気が散りやすく、集中できない。）、「多動性」とは、離席や「しゃべりすぎ」などの運動調整の困難（例えば、じっとしていられない、動き回る、危険な場所に登るなど、いつも落ち着きがなくソワソワしている。）、「衝動性」とは、順番を待てないなどの行動抑制の困難（例えば、キレやすい、質問が終わる前に答える、考えずに行動する、人を妨害するなど、後先考えずに思いつきで行動してしまう。）を意味している。そのうち多動性は、小学校後半になると改善されるが、不注意と衝動性は、思春期・青年期以降、大人になっても残るものである。

　ADHDは、症状の現れ方によって「不注意優位型」「多動・衝動性優位型」「混合型」の3つのタイプに分類される。

　「不注意優位型」は、不注意傾向の強いぼんやり、うっかり型で「ドラえもん」のキャラクターから「のび太型」ともいわれている。「多動・衝動性優位型」は、多動・衝動性の強いエキセントリック型で「ジャイアン型」ともいわれている。「混合型」は、それらが重複しているタイプである。

　3つの基本症状である多動、不注意、衝動性のほかにADHDの人の特徴は、

▶ 仕事（学業）の先延ばしや業績（学業）不振を起こす。
▶ 不安定な感情やストレスに対する耐性が低い。
▶ 対人スキルや社会性が未熟である。
▶ 自尊心や自己評価が低い。
▶ 計画性がなく管理不足、事故を起こしやすい。
▶ のめり込みやマニアックな傾向がある。

などである。

▶ 限局性学習症（SLD）

DSM-Ⅳ-TRによる学習障害の分類は、読字障害、算数障害、書字表出障害、特定不能の学習障害としている[注2]。

日本の研究者の分類では、表1-6に示したように、問題行動に注目した上野、牟田、小貫（2001）の5つの分類がある。この分類では、一人の子どもが複数の困難に該当することもある。

表1-6　学習障害（LD）のもつ5つの困難とその特徴

困難	特徴
学力の困難（主症状）	読み、書き、算数（数学）などの特異的学習能力の困難
言葉・会話の困難（主症状）	聞く、話すなどのコミュニケーション能力の困難
社会性の困難	ソーシャルスキル、社会的認知能力の困難
運動の困難	協調運動、運動企画能力などの不器用などの困難
注意集中の困難	注意集中の困難、多動、衝動などの行動の困難

欧米では、「ディスレクシア」（読み書き障害）と呼ばれる障害が学習障害の80％を占めるといわれ、発見も早く、診断もされる。アルファベットは読めるが単語になると読めないのである。例えば、「r、e、a、d」は、「アール、イー、エイ、ディー」と読めるが、readを「リード」とは読めない。英語では、26文字のアルファベットで発音を表し、さらに、たった7つのアルファベット（a,i,u,e,o,y,w）で二重母音を含め34種類もある。eaが含まれる単語でもeagle、ear、readyが読めないので障害が疑われ、発見も早いといわれている。

ではディスレクシアの人は、なぜ文字の読み書きが苦手なのだろうか。原因として、文字の意味をとらえる脳の部位の活動が低下していることがわかっている。

日本語はどうだろうか。助詞の「は」を「わ」、「へ」を「え」と発音する以外、表音文字である仮名が一字一音であるため、なかなか気づかれないといわれている。しかし、強いて言うならば、黒板に書かれた「さくら」という文字をみれば、多くの人は、春に咲く「桜」のイメージが瞬時に頭に浮かぶと思うが、ディスレクシアの場合は、「さ」「く」「ら」というそれぞれの文字は読めても、それが「桜」のイメージに瞬時につながらない。反対に文字を書くとき、「『さくら』という字を書いて」と言われると、「桜」のイメージは浮かぶが、それが「さくら」という文字に結びつかない人もいる。

文字一つ一つは読めてもそこから意味を瞬時にイメージできないため、教科書のように長い文章が書かれたものを読ませるとスラスラ音読できず、通常の何倍も時間がかかってしまうことがある。
　限局性学習症（SLD）の人の特徴は、

- ▶ 融通が利かず周りが困惑する。
- ▶ なかなか仕事が覚えられない、何度も失敗する。
- ▶ いろんなことを同時にできない。
- ▶ 人間関係がうまくいかない、職場でのコミュニケーションが取れない。

などである。

　そのほかの主症状以外の障害としてはすでに表したように、社会性の困難、運動の困難、注意集中の困難（表1-6）もある。

▶自閉スペクトラム症（ASD）

　自閉スペクトラム症（ASD）の人には、ADHDの人の特徴と共通するものがあるが、ASDには、社会性の問題やコミュニケーションの問題、想像力とそれに基づく行動の問題が含まれる。また、その他の症状として、感覚過敏や過鈍性、協調運動の不器用さがある。

○社会性の問題　"他人と親しくしない"

　ASDの人は、深い人間関係を築くのが苦手である。そもそも人と親しくなりたいという気持ちが薄い。人との接し方、人前での振る舞い、集団において何が大事かなど成長の過程で自然と身につくはずの社会性が著しく欠けている。社会性に問題のある人の特徴は、

- ▶ 他者への関心が薄い人が多い。
- ▶ 人と会話中、視線をあまり合わすことをしない。
- ▶ 人の気持ちを理解するのが苦手である。
- ▶ 人からかかわられることを嫌がる人が多い。
- ▶ 人へのかかわりが一方的である。
- ▶ 身振り、手振りの表情が乏しい。
- ▶ 場の空気を読むことができない。
- ▶ 暗黙のルールがわからない。

などである。

○コミュニケーションの問題　"言葉のキャッチボールができない"

　ASDの人は、自分の言いたいことだけを話し、相手の話に興味や関心を示さない。会話は、一方通行で、言葉のキャッチボールができないのである。コミュニケーションに問題のある人の特徴は、

▶ 紋切り型の台詞口調、気持ちのこもらない話し方等の独特な話し言葉を使う人がいる。
▶ 話し方に抑揚がなく、会話の間が取ることが難しい。
▶ 指示が理解できない人がいる。
▶ 人の表情や態度、身振りから相手の気持ちをくみ取ることは難しい。
▶ 冗談や比喩が理解できずに言葉通りに受け取ってしまう。

などである。

○想像力とそれに基づく行動の問題 "こだわりの強さ"

　ASDの人は、新しいことへの取り組みに対し不安が強く、自分の興味のあることに強いこだわりをもち、のめり込んで、やり続ける傾向がある。これは、想像力の欠如のためであると考えられる。プラスに（良く）出れば、無類の集中力を発揮するが、マイナスに（悪く）出るとこだわりに縛られて応用や融通がきかなくなる。想像力の欠如のある人の特徴は、

▶ 興味や関心が限られ、ひろがることが少ない。
▶ 特定の習慣や手順、ルール等に強くこだわる人が多い。
▶ 変更や変化、予期せぬことを嫌い、抵抗する。
▶ 自分のやり方に固執して妥協しない。

などである。

○感覚過敏や過鈍性 "味覚や嗅覚、触覚と聴覚の過敏"

　ASDの人は、聴覚、視覚、嗅覚、味覚、触覚に異常に敏感だったり、逆に鈍感だったりする。また、気圧や温度の変化に過剰に反応する人もいる。具体的な特徴は、

▶ 味覚や臭覚に過敏に反応し、食べ物の好き嫌いのある人がいる。
▶ 体を揺する、においをかぐ、感触を楽しむなどの独特な行動を好む人がいる。
▶ 人から触れられることを嫌がる人がいる。
▶ ある種の音を極端に嫌ったり、逆に好んだりする人がいる。

などである。

○協調運動の不器用さ

　ASDの人は、スポーツや手先を使う作業を苦手とする人が少なくない。具体的な特徴は、

▶ 全身の粗大運動である縄跳び、器械体操、キャッチボール等が苦手な人が多い。
▶ 手指の微細運動である箸使いや折り紙、はさみ、ひも結び等も苦手な人が多い。
▶ 協調運動が苦手なため、手足の動きがバラバラで歩いたり、走ったりする。

などである。

〈体育指導上の配慮事項〉

▶医療的な配慮事項

　なんらかの理由により脳の発達が損なわれ、脳機能の発達に偏りがある「脳機能障害」といわれている発達障害の人たちは、脳波をとり異常がないかを調べる必要がある。例えば以前、自閉症（知的発達を含む）と診断された人たちの脳波をみると20〜50％で脳波異常がみられるといわれている。また、15〜30％の自閉症の子どもにはてんかん発作が実際にはみられるようである。

▶発達障害の分類の難しさ

　ADHDの人のうち、薬物療法で問題行動がある程度改善されている人（例えば、水泳のメダリストであるマイケル・フェルプス〔Michael Phelps〕選手は、9歳の時に、「注意欠陥・多動障害」〔注2参照〕と診断され、その後リタリン〔現在は処方されていない〕を服薬して改善されていたようである）、SLDの人の中で困難さが重複せず特異的学習能力の困難だけの人も、いわゆる健常の人たちと一緒にスポーツに取り組んでよい。しかし、ディスレクシア（読み書き障害）の人にルールブックを読んでルールを覚えさせられるような要求には、当然、配慮が必要である。

　なお、ADHDの人やSLDで困難さが重複している人、ASDの人たちの特徴をみて気付かれた人も多いかと思うが、特徴だけみれば医師でない限り、その困難さからどの障害（ADHD、SLD、ASD）が主障害なのか、または、重複しているかは、分かりづらい（図1-20参照）。

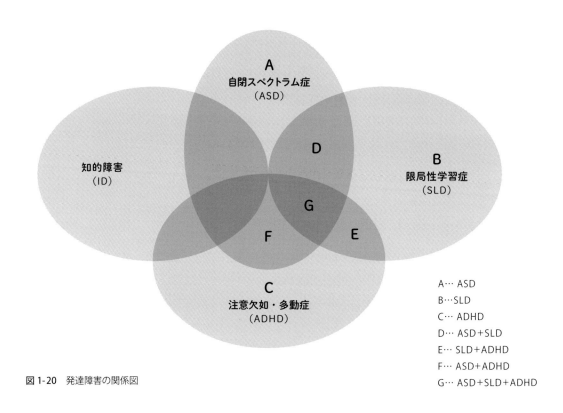

図1-20　発達障害の関係図

▶ 一般的な配慮事項

　ここでは、総称である「発達障害」がある人への体育指導の配慮事項という観点で述べる。

　スポーツ（運動）は、身体と精神（神経）を同時にかつ複雑に連携させながら行う。発達障害の人たちは、複数の事柄を同時に考えたり、こなしたりすることが苦手な人が多い。このことから発達障害の人がスポーツ（運動）を苦手とするのだと考えられる。

　複雑なルールや仲間との協力を通して勝敗を競い合うスポーツ競技そのものに、初めからほとんど関心をもたない（もてない）発達障害の人たちもいて、スポーツで負け続けたり、仲間との関係が悪くなったりすることで、体育の授業やスポーツが嫌いになってしまうこともある。

▶ 必履修となった武道とダンスを行う際の配慮事項

　学習指導要領の改訂で、中学校では武道とダンスが男女とも必履修となった。発達障害の生徒にとって武道は、取り組みの困難さが高い種目といえる。

　先にも述べたが、発達障害の人たちは、人との接触を嫌うことがある。この理由から、柔道と剣道、相撲から選択するならば、剣道を選択すべきである。

　柔道や剣道、相撲等の対人的接触を伴う種目において、発達障害の人は力加減をうまく調整することが難しく、相手に不愉快な思いをさせてしまう場合が少なくない。「もっと優しく、柔らかく、力を抜いて」など、口頭の指示では理解できないことがある。このような場合は、図や絵等の視覚的支援を用いて具体的に、例えば、速度計に見立てた「力メーター」を用いてこのぐらいの力で組み合うのだと指示するとよい。

　他方、ダンスについては、「創作ダンス」「フォークダンス」「現代的なリズムのダンス」の3つから選択する。曲やステップが決まっているフォークダンス（日本の民舞）が発達障害の人たちにとっては取り組みやすいであろう。多様なテーマから表したいイメージを捉え、動きに変化を付けて即興的に表現したり、変化のあるひとまとまりを表現して踊る創作ダンスは、イメージすることや想像することが苦手な発達障害の人たちには難しい課題と考えられる。現代の子どもたちが好むリズムが等間隔でない曲（ロックやヒップホップ）に併せて体を動かし、全身で踊る現代的なリズムのダンスを行うことは最も困難と思われる。そのため、創作ダンスに取り組むときは、表現する「テーマ」をあらかじめ与え、絵や写真等を用いて、イメージがもてるようにし、リズムも等間隔の曲を選択するようなアドバイスが必要である。

▶ チームスポーツを行う際の配慮事項

　体育指導における「チームスポーツ」は、瞬時に次々と状況と展開が移り、変化し、その場、その場での臨機応変なルールの理解や身体の動きが必要になってくる。

　そのため、発達障害の人たちは、運動能力が高く（新体力テストで高得点を取れる生徒は、稀だが）ても、複雑なルールに従わなければならないゴール型のスポーツであるサッカーやバスケットボール等は苦手な人が多い。次々と目まぐるしく移り変わっていく状況や場面に応じた柔軟な対応や臨機応変な動き等が発達障害の人たちは上手くできないからであろう。

サッカーのパスやクロスボールへの対応（特に守備）、バスケットボールのパスやディフェンス等では「仲間との協力や連携」が必要になってくるので、他人の心理や意図を推測すること（広義の意味でのコミュニケーション）が苦手な発達障害の人たちは混乱してしまい、上手に他人（友達）と呼吸やタイミングを合わせられないという問題もある。

　発達障害の人たちが、ネット型のスポーツでシングルスの場合でも苦手な理由は、「頭で考えること」と「体を動かすこと」を同時に処理しなければならず、また、周りの状況の変化や対戦相手の動きやボール等の動きによって、自分自身で素早い「判断」をしなければならないからである。頭と身体を同時に連携して働かせることが、発達障害の人たちは苦手であり、基本的なスポーツのルールは覚えられても、それを具体的に変化し続ける状況の中で応用することができなかったりするのである。

　ベースボール型のスポーツでは、ボールを捕る、投げる、バットでボールを打つ、走塁といった技能はスモールステップを踏むことで獲得することはできる。練習では、ゲームで起こる場面状況を想定して行うことができる。ルールは複雑だが、具体的変化の状況下で応用場面を設定して学習（練習）することができる。また、実際のゲーム場面でも、静止した状態からゲームが始まり、自分自身の判断や考えだけで動くのではなく、コーチからのサインやチームメイトの声かけ等により動くこともできるので（走るべきか止まるべきか、どこに送球すべきかなど）、ゴール型やネット型のスポーツより、チームスポーツとしては取り組みやすいであろう。

▶個人スポーツを行う際の配慮事項

　発達障害の人たちの中には、チームスポーツで頭角を現した人もいるだろうが、チームスポーツより、個人スポーツで自らの記録（表現種目の点数ではなく、タイムやスコア等）へ挑戦し、競い合う、水泳や陸上競技、ターゲット型スポーツのフライングディスク（アルティメットではなく、アキュラシーやディスタンス競技）、ボウリング、ゴルフ等が向くと思われる。

　競泳や陸上競技では、トレーニングの過程でも、目標タイム、距離、何本行うかなど具体的で、分かりやすい指導者からの指示が行え、受ける側（発達障害のある選手）もはっきりとした目標がみえ、見通しをもってトレーニングに取り組める。例えば、陸上競技のトレーニングを行うとき、練習メニューを口頭だけで伝えるのではなく、ホワイトボードに練習メニューや活動する時間、場所等を書き、視覚的に支援することが大切である。

▶その他の指導上の配慮事項

　発達障害の人は、自尊心や自己評価を低くもつ人が少なくない。トレーニングを行う時は、スモールステップな課題設定と課題が達成できたときの賞賛（褒めること）を欠かさず、自信をもたせることが大切である。

　そして、試合や記録会では、「今日までこんなに練習してきたから、1500m走は、5分を切ったら目標達成だね。頑張りなさい！」と送り出し、達成できれば大いに褒めるとよい。

　発達障害の人たちへは、ボトムアップ的に（話し合いで）目標や練習メニューを設定するより、

トップダウン的に目標や練習を設定する方が有効であり、わかりやすく、納得して取り組むことができる。

発達障害の人たちに対するスポーツ指導では、視覚優位[注3]の人が多いので、イラストや絵、文字を用いながら、スポーツのルールや練習方法等をわかりやすく教えることが必要である。

「正しい体の動かし方、反則となる行為、仲間との協力の仕方」等は、指導者自らが手本を見せることも有効である。

言葉を使って技術指導をするときは、感覚的な表現や比喩的な表現は使用しない方がよい。言葉の意味と体の動かし方との関連がつかめず、むしろ余計に混乱してしまうからである。

運動が好きな発達障害の子どもであれば、スポーツ関連の「部活部、クラブ活動」ができないわけではない。しかし、特に、学校における部活動は、生徒同士の自主性や協調性が重視され、一般的に発達障害の子どもは部活特有の先輩、後輩関係や団体行動に上手く適応できないことも多いだろう。先輩や友達が発達障害の特徴と問題点を理解し、部活動ができるように特別な配慮や協力をすれば一緒に活動することができるであろう。

集団行動や共同作業、連携プレイ等で適応できるように、練習やゲームでは、人数を少なくしたり、スペースを広げたり、または狭めたりするなどの工夫が必要である。そして、なにより大切なのは、指導者の適切でわかりやすい指導の下、一緒にスポーツする人が発達障害の人たちの特徴を理解して、「チームメイト」として受け入れるように支援することである。

取り組んだスポーツに自信がもて、トレーニングに没頭するようになれば、無類の集中力を発揮し、競技に取り組むようになるだろう。そして、オリンピックや世界選手権で金メダルを取れる発達障害の選手が、日本にも誕生するかもしれない。

発達障害が「ある」「ない」に限らず、ゴールデンエイジ（12歳頃）までにいろいろな身体の動かし方（コーディネーション能力〔身のこなし〕）やスポーツの基礎技術を習得させることは大切であることは言うまでもない。

発達障害のある人は、その困難さは一人一人違う。指導する児童生徒をよく観察して、得意なこと、苦手なこと（努力してもできないこと）等を把握し、個別の指導計画や支援計画を立て、「Plan（計画）- Do（実行）- Check（評価）- Action（改善）」の「PDCAサイクル」を基に指導実践をしてみてほしい。そして、通常の学級に在籍する発達障害の児童生徒に対して、分かりやすく、楽しい体育指導を行い、スポーツが好きな発達障害の子どもたちが増えることを望んでいる。

[注1] 本項では『DSM-5 病名・用語翻訳ガイドライン（初版）』（日本精神神経学会 編）を基に記述しました。
[注2] 本項では、執筆時点で、DSM-5の病名や用語の日本語訳は発表されたものの、文部科学省等の定義づけやDSM-5での分類の仕方等についての日本語訳が発表されていない。DSM-5発行以前の発達障害のおもな障害と文部科学省の定義づけは、以下のとおりです。

発達障害の定義（文部科学省ホームページより）

*学習障害（LD）の定義　〈Learning Disabilities〉

> 学習障害とは、基本的には全般的な知的発達に遅れはないが、聞く、話す、読む、書く、計算する又は推論する能力のうち特定のものの習得と使用に著しい困難を示す様々な状態を指すものである。
> 学習障害は、その原因として、中枢神経系に何らかの機能障害があると推定されるが、視覚障害、聴覚障害、知的障害、情緒障害などの障害や、環境的な要因が直接の原因となるものではない。

（平成11年7月の「学習障害児に対する指導について（報告）」より抜粋）

*注意欠陥／多動性障害（ADHD）の定義　〈Attention-Deficit/Hyperactivity Disorder〉

> ADHDとは、年齢あるいは発達に不釣り合いな注意力、及び／又は衝動性、多動性を特徴とする行動の障害で、社会的な活動や学業の機能に支障をきたすものである。
> また、7歳以前に現れ、その状態が継続し、中枢神経系に何らかの要因による機能不全があると推定される。

（平成15年3月の「今後の特別支援教育の在り方について（最終報告）」参考資料より抜粋）

*自閉症の定義　〈Autistic Disorder〉

> 自閉症とは、3歳位までに現れ、①他人との社会的関係の形成の困難さ、②言葉の発達の遅れ、③興味や関心が狭く特定のものにこだわることを特徴とする行動の障害であり、中枢神経系に何らかの要因による機能不全があると推定される。

（平成15年3月の「今後の特別支援教育の在り方について（最終報告）」参考資料より作成）

*高機能自閉症の定義　〈High-Functioning Autism〉

> 高機能自閉症とは、3歳位までに現れ、①他人との社会的関係の形成の困難さ、②言葉の発達の遅れ、③興味や関心が狭く特定のものにこだわることを特徴とする行動の障害である自閉症のうち、知的発達の遅れを伴わないものをいう。また、中枢神経系に何らかの要因による機能不全があると推定される。

（平成15年3月の「今後の特別支援教育の在り方について（最終報告）」参考資料より抜粋）

なお、アスペルガー症候群とは、知的発達の遅れを伴わず、かつ、自閉症の特徴のうち言葉の発達の遅れを伴わないものである。なお、高機能自閉症やアスペルガー症候群は、広汎性発達障害に分類されるものである。

［注3］発達障害のある人は視覚的な能力が優れている傾向があるといわれている。例えば、目で見た文字や風景をすべて記憶することができるなどの特徴がある。このように目で見た情報の方が取り入れやすかったり理解することが得意であったりすることは「視覚優位」とよばれる。教育現場では、このような児童生徒に対しては、先生が口頭で説明するよりもイラストや文字、動画等を用いて説明することで理解を促すなどの工夫がなされている。
他方、耳から得た情報の方が取り入れやすかったり理解することが得意であったりすることは「聴覚優位」とよばれる。

（佐々木　務）

● 文献

- 東京学芸大学特別支援科学講座 編（高橋智 編集代表）（2007）『インクルージョン時代の障害理解と生涯発達支援』日本文化科学社
- 上野一彦（2003）『LD（学習障害）とADHD（注意欠陥多動性障害）』〈講談社＋α新書〉講談社
- ─────（2006）『LD（学習障害）とディスレクシア（読み書き障害）- 子供たちの「学び」と個性 -』〈講談社＋α新書〉講談社
- 上野一彦・牟田悦子・小貫悟（2001）『LDの教育：学校におけるLDの判断と指導』日本文化科学社
- 榊原洋一（2000）『「多動性障害」児 -「落ち着きのない子」は病気か?』〈講談社＋α新書〉講談社
- ─────（2002）『アスペルガー症候群と学習障害 - ここまでわかった子どもの心と脳』〈講談社＋α新書〉講談社
- 山崎晃資（2005）『発達障害と子どもたち - アスペルガー症候群、自閉症、そしてボーダーラインチャイルド』〈講談社＋α新書〉講談社
- 本田秀夫（2013）『自閉症スペクトラム 10人に1人が抱える「生きづらさ」の正体』〈ソフトバンク新書〉ソフトバンククリエイティブ
- 星野仁彦（2010）『発達障害に気づかない大人たち』〈祥伝社新書〉祥伝社
- ─────（2011）『発達障害に気づかない大人たち〈職場編〉』〈祥伝社新書〉祥伝社
- 文部科学省（平成20年）『中学校学習指導要領解説　保健体育編』東山書房
- ─────（平成21年）『高等学校学習指導要領解説　保健体育編・体育編』東山書房

第2章

体育指導に活用できる教材

1
特別支援教育時代の
体育教材に
求められること

2
身近な素材を
使った教材

1 特別支援教育時代の体育教材に求められること

［１］体育教材の役割と教材づくり

① 教材の役割

　体育の授業や活動を成立させるための要素には、活動の主体である児童生徒、教育的意図、教員と児童生徒の教育的人間関係、そして教材がある。よい授業や活動をするためには、教育的意図の適切さ、教育的人間関係の構築、教材に対する質の高さが求められる。

　体育活動の教材は、既成のスポーツのルールや用具を頼りにして展開することが多い。しかし、障害のある人にとって、既成のスポーツで用いられる用具やルールが本当に最適なものであるか否かを改めて考える必要がある。料理の世界には「材料７分、腕３分」という言葉があるそうだが、これを、体育活動に当てはめれば、いくら教え方がうまくても教材がよくなければ、十分に満足できる結果とならないということであろう。児童生徒の活動意欲を高めるためには、よい教材を用いることが大切であり、反対に魅力のない教材は活動意欲を半減させる。したがって、よい教材は活動を半ば成功させる機能があるといえる。

② 教材と教材づくり

　学習において、「教材・教具」という言葉があるが、はたして教材と教具とでは何が違うのであろうか。

　教材とは、教育目標と児童生徒の現状の発達とを直結するために、教師が、意図的にもたらすところの媒体ともいうべき教育学上の素材を意味する。他方、教具とは、教育の方法または手段として使われる具体的道具を意味する。しかし、一般に両者は区別されにくく、「教材・教具」と併記して用いられることが多い。

　そのとらえ方は大きく、①教科内容およびその際に使われる教科書などを含めるとらえ方（例えば、教材研究や教材解釈という場合）と、②教科内容とは区別して、教科内容のある概念（認識）を形成させるために選択された素材やメディア（例えば、教材構成、教材活用や教育メディアという場合）というとらえ方がある。『広辞苑（第６版）』(2008年)では「教授・学習の材料」という解説に続いて「学習の内容となる文化的素材をいう場合と、それを伝える媒体を指す場合とがある」と述べられており、二つのとらえ方（上記の①と②）があると記述されている。

　また、学習指導要領の「総則」では、「教材」を授業活動で使用する「教科書及びそれに関連した教材・教具」や「視聴覚教材」と捉えている。

　学校で使われる標本や跳び箱などの教材は、子どもたちの教育効果を高め、児童生徒の基礎的・基本的な学習理解を助ける上で極めて重要であり、その充実は不可欠である。そこで、文部科

学省では、平成20年に公示された小学校学習指導要領および中学校学習指導要領、ならびに平成21年に公示された特別支援学校学習指導要領の実施に伴う教材整備の推進に資する観点から、平成23年4月に教材整備のための新たな参考資料として「教材整備指針」を取りまとめた。

岩田（2012）は、教材づくりの必要性について、「既存のスポーツ種目や技は、子どもたちに教え学ばせるために生み出されてきたものではなく、子どもが学習するには複雑で高度である」と述べている。そのため、「学習者がスポーツ、とくにその本質的な課題性について学び、面白さを味わい、経験するためには、教え学ばれるべき内容を単純化し、クローズアップした世界を経由することがぜひとも必要になる。」と述べている。また、教材づくりの基本的視点として、素材―学習内容―教材―教具・教授方法を区別する立場をとり、「素材としてのスポーツを加工・改変することによって、学習内容を習得するための教材（学習活動の対象）へと組織すること」こそが、教材づくり、すなわち教材研究だと述べている。つまり、スポーツや運動遊びを「素材」として、「学習内容の明確さ」と「学習意欲の喚起」という二つの視点から、その素材を加工・改変などにより「再構成」することによって、「教材」が作成されるとしている（図2-1）。教材はさらに「教具」と「授業行為」という要素に分けられる。

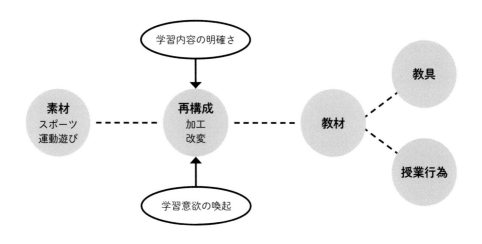

図2-1　教材づくりの基本的視点（岩田、2012）

「学習内容の明確さ」と「学習意欲の喚起」について、「学習内容が妥当であったとしても学習意欲が喚起されないようであれば、教材の機能が十分発揮されない。」とし、「学習意欲を喚起するためには、①子どもの興味・関心に配慮しながら、能力の発達段階に応じた適切な課題が提示されるべきであり、②すべての子どもに技能習得における達成やゲームでの学習機会を平等に保障していくこと、③取り組む対象が挑戦的でプレイの面白さに満ちた課題であることなどが求められる。」と述べている。

[2] よい教材づくりに求められること

活動する人の意欲や関心を喚起し、活動意欲を高める教材づくりについて、以下のことに配慮する必要がある。

① 教材をつくる前の配慮
▶教材の価値を吟味する
　教材を選ぶとき，設定した指導目標をどの程度実現できるのか，どのような教育効果をもたらすのかなどについて事前に検討しなければならない。よい教材とは、「楽しいこと」「簡単すぎず、難しすぎないこと」「誰にでもできること」「多様な活動に対応できること」「発展性があること」などの条件が求められる。

▶対象児・者の実態把握
　対象児・者の発達段階や運動技能の実態を把握することで、運動の進め方やルールを簡素化したり、学習機会を均等に保障したりすることができる。また、生徒の興味や関心を知ることで、他の教材との関連を考えて教材の配列を工夫して指導することができる。例えば、鬼ごっこで子どもたちの走る力や逃げたり避けたりする技能のレベルが把握できないと、ルールを決めることができない。子どもたちの能力に差がありすぎると同じルールでは鬼ごっこの楽しさが失われることがある。能力の違いを配慮して、個別のルールによるハンディキャップをつけすぎても、他の子どもから不満が出てくる。そこで、「鬼ごっこが楽しくできるようになるには、どんなルールの工夫が必要なのか、またどうすれば走る力や逃げる力を身につけさせることができるか」という課題を考えることが大切になる。その結果、鬼ごっこの学習における子どもたちの、「走る、逃げる、よける」といった技能の実態を把握することになり、「どのようなルールを設定するのか、走り方や逃げ方、よけ方のコツやポイントは何か」といった教材づくりの基本がみえてくる。つまり、教材づくりで重要なことは、子どもたちの発達段階や運動技能の実態を把握し、子どもたちが各自の技能の実態に応じて、本気で運動に携わることができるような方法を具体化することである。

② 教材そのものへの配慮
▶安全性
　障害のある児童生徒を対象とした体育の教材づくりでは、安全性に対する配慮が不可欠である。障害のない児童生徒を対象とした教材・教具では気づけないような危険性がある場合もある。例えば、内臓疾患やアレルギー等の合併症を有している場合は、医学的配慮が必要になる。また、活動場所の安全性など環境設定には十分に配慮する必要がある。いくら効果的な教材づくりを行っても、対象児・者の安全が損なわれるようなことにならないように注意したい。

▶ 発展性

　教材は、特定の範囲内だけで考えるのではなく、教材の発展性や系列を考えておくと指導の展開がさらに豊かなものになる。運動技能の習得においても、視点を障害の重い子どもや技能レベルの低い子どもだけに定めるのではなく、技能段階が高い人が達成感を味わえるように、課題を高度にしたり発展させたりする必要がある。また、対象児・者が設定された活動以外でも練習したくなるような教材を提供することも重要である。運動活動の機会は限られてしまうことが多いので、特定の体育活動以外に運動の技能や体力を養える機会を作りたい。

▶ 経済性

　教材費が潤沢でない昨今、身近にあり無料で手に入る教材、あるいは100円ショップなどで安価に手に入るものを使った教材づくりの工夫が求められる。また、使用後もリサイクルできる新聞紙やペットボトルなどもエコでよい素材といえる。

▶ 再現性

　一度きりしか使用できないのではなく、何度でも繰り返して使用できる教材がよい。また、体育館だけでしか使用できないというのではなく、教室やプレイルーム等場所に応じてどこでも使用できるものがよい。

▶ 簡便性

　持ち運びが楽であったり、使用方法が簡単であったりするものがよい。誰でも簡単に準備でき、使用でき、片付けられるものが理想である。対象となる幼児および児童生徒が準備や片づけをすることができるものであるとなおよい。あまりに重いものや大きなものでは持ち運びが難しい。

▶ 加工性

　ハサミやガムテープ、セロハンテープ、糊など身近にあるものやどこの家庭にもあるような簡単な工具を使って、誰でも手軽に加工できる教材がよい。例えば、フライングディスクを投げることができない子どもには2枚のディスクをガムテープで貼り合わせると安定して転がすことができ、同じような活動ができる。

③ 教材を使用する際の配慮

▶ シンプルなプログラム

　障害があり、感覚機能、運動機能、認知機能などをうまく働かすことができない場合、体育活動が困難であったり、苦手意識をもっていたりする子どもも少なくないと思われる。そこで、体育活動では困難さに合わせて、ルールを変更したり、動きをいくつかに分けて役割別に課題をこなすなど、ゲーム内容をシンプルにする工夫が必要になってくる。プログラムに含まれる運動を可能なかぎり分析し、子どもたちが、プログラムが楽しめるように示し、適切な支援をする必要

がある。それが教材づくりの基本である。

その他、以下の点にも留意する必要がある。

- ▶ 教材の配列を細分化し、簡単なものから次第に難しいものにつながるようにする。
- ▶ 動きや動作の類似性を考えて、系統的、効率的に課題ができるように工夫する。
- ▶ 運動のコツやポイントをわかりやすい言葉や視覚的情報などで示す。
- ▶ 達成感が味わえるように、平易なスモールステップ教材を用意する。

[3] さまざまな面からの工夫

活動する人の意欲や関心を喚起し、活動意欲を高める教材づくりについて、以下のことに配慮する必要がある。

① アダプテッド・スポーツからの工夫

スポーツ、ダンス、体操といった体育活動において、一人一人の障害の状態や能力、興味などに合わせて用具，ルール，技能，施設などを工夫，変更、あるいは新たに考案して行うスポーツ活動をアダプテッド・スポーツと称している。アダプテッド・スポーツは障害のある人だけではなく、高齢者、妊婦、傷病者など、スポーツ活動に対して特別なニーズのある人も対象としている。

アダプテッド・スポーツは、以下の三つの観点について追求していくことが求められているが、同様に教材づくりにも活かしていってほしい。

▶ 可能性の追求

障害があるから「既成のスポーツは難しい、不可能だ」と考えるのではなく、あくまで可能性を信じて、「どうすればスポーツ活動が実現できるか」を考えていくことが大切である。そのためにはルールや指導の方法を工夫したり、用具や器具を開発していく必要がある。かつて、下肢切断者は走ることができないといわれていたが、現在ではフレックス・フットという走行専用の義足が開発され、100mを11秒台という一般の陸上選手としても十分通用するタイムで走る選手もいる。また、敵味方が入り乱れてプレイするサッカーのような球技は、全盲の人では難しいと考えられてきたが、1980年初頭にスペインでブラインドサッカーが開発され、現在では世界選手権やパラリンピックなどの国際大会も実施され、多くの人が楽しんでいる。

▶ 楽しさの追求

「体を動かす楽しさ」という快感情は運動への意欲を増し、持続するための動機づけとなる。そのためにはスポーツ活動に参加した誰もが楽しめ、満足できるようなルールやプログラムを考

案していかなければならない。例えば、ふうせんバレーボールは障がいのある人とない人が混合でチームを組むが、風船が自分のコートに入ってから相手コートに返すまでに、全員最低1回は風船に触れなければならないというルールがある。それによって競技中に風船に触ることがなかったとか、競技をしている実感がないということがないように工夫されている。また、車いすダンスでは障害のない人と車いすの人がペアを組むが、障害のない人は補助者という立場ではなく、ダンスのパートナーとして共に活動を楽しむことができるように工夫されている。

▶ **安全性の追求**

体育・スポーツ活動の実施にあたっては、参加者の身体機能や形態に応じた健康面・安全面の配慮が大切である。健康面に関しては、運動負荷の種類・程度（強度）・持続時間等に配慮し、負担過重とならないよう留意する必要がある。また、転倒や衝突等による事故を予防するなど、安全管理に努めることも極めて重要である。例えば、視覚障害者が行うグラウンド・ソフトボールでは全盲の選手がぶつかるのを防ぐために走塁用ベースと守備用ベースを分けている。筋ジストロフィーの人は激しい運動による筋肉痛が機能低下の原因になるため、運動を制限されることもあるが、最近では、スポーツ活動のさまざまな有効性が認められ、安全にできる医療的な基準を示した上で実施されるようになってきた。

② 動きを引き出すための工夫

特別支援学校で特に知的障害のある子どもに、口頭の指示に合わせて動くことや演示を見ながら模倣することが難しいケースがよくある。その際は、教材を使用することにより動きを引き出すことは有効である。例えば、「上を見て！目線は上!!」と声をかけても視線は上に移らないことがある。また、そのような子どもは手を肩よりも高く上げることが難しい場合が多い。バレーボールにおいて子どもが自ら視線を高くしたり手を挙げたりするような動きを引き出したい時、大きな風船を使ったり（図 2-2）、風船にヘリウムガスを混ぜることにより、ゆっくり落ちてくる大きな風船を下から見上げて、手を出して風船に触れることができる。また、このケースでは、副次的に追視ができたり、目と手の協応ができたり、といったことも得られている。

図 2-2　手を頭上に大きく挙げるように促す工夫の例。
大きな風船がゆっくり落ちてくる様子を下から見上げることで、風船に触れようと手を出すことができた。

あるいは、スクワット（しゃがんだり、立ったり）をすることが難しい子どもがいた場合には、スクワットの動きを引き出す教材として、低めの巧技台、カゴ（ボールが10個入っている）、頭上に設置したカゴを準備する。子どもは巧技台の上に立ち、足元のカゴに入れてあるボールをしゃがんで頭上に取りつけてあるカゴに1個ずつ入れていく。全部で10個入れることで、スクワットを10回行う動きを引き出している（図2-3）。

図2-3　スクワットを促す工夫の例
足元のカゴからしゃがんでボールをとり，頭上のカゴにボールを移すことで，スクワットを行うことができた。

③ 興味・関心をもたせる工夫

対象となる子どもたちが興味・関心をもつ教材であるとなおよい。着色をして装飾をしたり、音が出たり、といったように工夫することにより、子どもたちの興味・関心を引くことができる。例えば、フライングディスクの導入でガムテープを貼って自分の顔をつくる（図2-4）。造形的な内容を入れることで、フライングディスク自体に興味・関心をもち、自分のフライングディスクを他人のものと区別できるようにもなる。

図2-4　子どもの興味・関心を引く工夫の例
フライングディスクにガムテープで顔を描くことでディスク自体に関心をもち、他と区別することができるようになることをねらいとした。

④ 身近な素材を利用する工夫

新聞紙などの身近な素材を用いて教具をつくる場合は、素材の特徴をよく知り、どのような使い方ができるかをあらかじめ知る必要がある（表2-1）。

野村（1999）は、療育や保育の中で使われる新聞紙を取り上げて、次のような特徴のあることに言及している。

▶簡単に変化させることができる：
　他の紙素材と比較しても表2-1のように形を変化させるという点においても柔軟な素材である。
▶簡単に大きさを変えることができる：
　広げるとかなり大きくなり、折ったり、ちぎったりして小さくすることもできる。
▶簡単に固さを変えることができる：
　ピンと張った新聞紙と、一度クシャクシャにした新聞紙では固さが異なり、動作の起こり方が変わってくる。

▶**いろいろな音が出る**：
新聞紙は扱い方によっていろいろな音が出て、興味や注目を引きやすい。
▶**いろいろな感触を感じることができる**：
新聞紙は感触遊びとしてもよく用いられる。手先だけではなく、まきちらしたり、紙の上を転がったりする全身の感触遊びにもなる。
▶**生活の中でいろいろな用途に使われる**：
新聞紙は生活の中でいろいろな使われ方をしていて、経験的にそれを知っていることもある。

表2-1　行為からみた紙の特徴

	ティッシュ	新聞紙	画用紙
丸める	◎	○	×
折る	×	○	○
棒にする	×	○	○
手でちぎる	◎	○	△
はさみで切る	×	○	◎

◎は「とても適している」、○は「適している」、△は「なんとかできる」、×は「向かない」

　野村 (1999) は、「遊びを育てるための指導とは、決まった遊びができるようになることではなく、いかに柔軟に素材と関わることができるかというところにポイントを置く。」と述べているが、身近な素材を教具として使用する場合は、その素材が対象児・者に対して、どのような動きや活動を引き出すか、素材の特徴をさまざまな角度から分析し、理解し、判断して選択するとよい。本書においても、身近な素材や道具を用いた運動プログラムが紹介されているが、素材の特性や動きを引き出す特徴などを知ることで、活動のバリエーションを増やしたり、発展させたりすることができる点に留意してほしい。

（松原豊・阿部崇）

●**文献**
・岩田靖 (2012)『体育の教材を創る』大修館書店、pp.15-37.
・特定非営利活動法人日本知的障害者スポーツ連盟 編 (2007)『知的障害のある方の地域社会における余暇スポーツ指導マニュアル』
　独立行政法人福祉医療機構助成「平成18年度知的障害者の地域余暇スポーツ振興事業」
・野村寿子 (1999)『遊びを育てる』協同医書出版社、pp.73-77.
・松原豊（編）澤江幸則・阿部崇・松村汝京（2014）『発達が気になる子の運動遊び88』学研教育出版

2 身近な素材を使った教材

教材シートの見方とアレンジ

　ここでは下掲のような形式（シートを用いて）で教材を紹介する。項目にある【体力要素】【学習指導要領での位置づけ】【発展した動き】【留意点】について説明し、さらに障害に合わせたアレンジの仕方についても説明する。

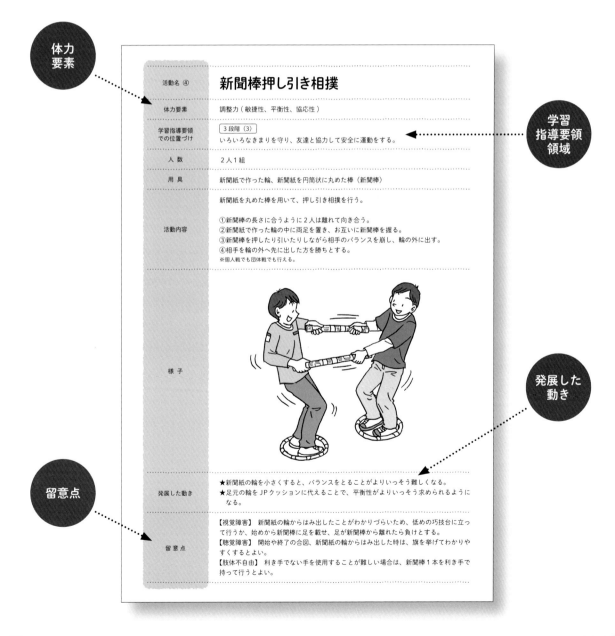

①【体力要素】の記述について

　「体力要素」の欄は、図2-5に示す猪飼（1967）が示した「体力」のとらえ方をベースに分類している。「体力」を大別して二つにとらえ、一つは「行動体力」、つまり実際に身体を動かし行動する身体的な能力を指し、もう一方は「防衛体力」、つまり病気やストレスに対する免疫力や抵抗力、環境に適応する能力等を指す。さらに、「行動体力」は行動の基礎となる身体的能力である「行動を起こす能力（筋力）」「行動を調整する能力（調整力）」「行動を持続する能力（持久力）」の三要素ととらえて、本書では【体力要素】として扱っている。

　具体的には、「行動を起こす能力（筋力）」は走ったり、投げたり、跳んだりといった瞬発力等を指し、運動の基礎になる体力である。次に「行動を調整する能力（調整力）」は運動の目的に合わせて身体の動きを調節する能力で、柔軟性、敏捷性、平衡性、巧緻性、協応性を指している。伏臥上体反らし、反復横跳び、片足立ち等が該当する。「行動を持続する能力（持久力）」は全身持久力や筋持久力を指している。全身持久力は呼吸や血液の循環等によって酸素を運ぶ能力がかかわっており、健康のために重要な能力といえる。

　掲示した活動においてどのような動きを引き出したいのかが、この「体力要素」の欄をみると分かる。

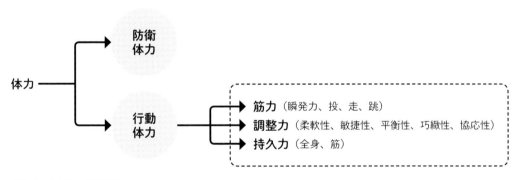

図2-5　体力要素の構造図

②【学習指導要領での位置づけ】の記述について

　「学習指導要領での位置づけ」の欄では、身近な物を用いて作成した教材による動き（活動）が学習指導要領のどこに該当しているのかを挙げている。本書では「知的障害者である児童に対する教育を行う特別支援学校の体育」（『特別支援学校小学部・中学部学習指導要領』第2章「各教科」第1節第2款）に該当するものとする(文部科学省、2009)。さらに、障害程度の軽重によっては中学部でも掲載内容を活用できるが、学習指導要領の記述としては小学部の内容の方が対応関係を表示しやすい点から、ここでは「小学部」の記述内容との関係性を明記している。指導計画を作成する際には、参考にしていただきたい。

> 参照■
>
> **知的障害特別支援学校小学部〔体育〕**
>
> **目標**
> 適切な運動の経験を通して、健康の保持増進と体力の向上を図り、
> 楽しく明るい生活を営む態度を育てる。
>
> **内容**
>
> 1段階
> (1) 教師と一緒に、楽しく手足を動かしたり、歩く、走るなどの基本的な運動をしたりする。
> (2) いろいろな器械・器具・用具を使った遊び、表現遊び、水遊びなどを楽しく行う。
> (3) 簡単な合図や指示に従って、楽しく運動をする。
>
> 2段階
> (1) 歩く、走る、跳ぶなどの基本的な運動に慣れる。
> (2) いろいろな器械・器具・用具を使った運動、表現運動、水の中での運動などに親しむ。
> (3) 簡単なきまりを守り、友達とともに安全に運動をする。
>
> 3段階
> (1) 歩く、走る、跳ぶなどの基本的な運動を姿勢や動きを変えるなどしていろいろな方法で行う。
> (2) いろいろな器械・器具・用具を使った運動、表現運動、水の中での運動など をする。
> (3) いろいろなきまりを守り、友達と協力して安全に運動をする。

③【発展した動き】の記述について

【発展した動き】の欄は、このシートで紹介した身近な素材による教材を用いた基礎的な動きに加えて発展した動きの内容となっている。対象となる幼児および児童生徒の実態に従ってアレンジの参考にしていただきたい。

④【留意点】の記述について

本シートで紹介する活動は、原則として知的障害のある児童生徒が楽しめるものである。しかし、ちょっとしたアレンジ（工夫）で他の障害のある子どもたちにも役立つ活動になる。【留意点】の欄には、そのためのポイントを簡易に記している。なお、前掲の知的、視覚、聴覚、知的、肢体不自由、病弱、発達障害それぞれの留意事項を参考にしながらアレンジしていただきたい。また、各障害の詳細な留意点については、「第1章［2］個別の障害に関する基礎知識と指導上の配慮事項」を参考にしていただきたい。

ここでは、さまざまな動きを引き出す身近な教材を紹介するが、読者の皆様が日頃担当されている幼児ならびに児童生徒にはダイレクトに当てはまらない実践もあるかと思う。そのため対象となる子どもたちの特徴、配慮事項を考え併せてアレンジしていただきたい。

（阿部　崇）

●**文献**

・猪飼道夫（1967）『日本人の体力 心とからだのトレーニング』日本経済新聞社
・文部科学省（2009）「特別支援学校　教育要領・学習指導要領」

第2章：体育指導に活用できる教材

 新聞紙で導き出せる動き

① 新聞輪くぐり (81ページ)　② 新聞島わたり (82ページ)　③ にんげんゴマ (83ページ)

④ 新聞棒押し引き相撲 (84ページ)　⑤ 新聞ジャベリックスロー (85ページ)　⑥ 新聞棒風船ころがし (86ページ)

⑦ 新聞棒ラダージャンプ (87ページ)　⑧ 新聞棒バランスとり (88ページ)　⑨ 新聞棒とり (89ページ)

⑩ 新聞ハエたたき (90ページ)　⑪ 新聞玉いれ (91ページ)　⑫ 新聞ボッチャ (92ページ)

⑬ 新聞PK合戦 (93ページ)　⑭ 新聞フレームボール (94ページ)

 風船で導き出せる動き

① 風船つき (95ページ)　② 風船投げ (96ページ)　③ 服でキャッチ (97ページ)

④ カラフルキャッチ (98ページ)　⑤ 風船をはさんで運ぶ (99ページ)　⑥ 風船を列になって運ぶ (100ページ)

⑦ 風船を落とさずゆっくり運ぶ (101ページ)　⑧ 風船シーツ運び (102ページ)　⑨ 風船棒運び (103ページ)

⑩ 風船ボウリング (104ページ)　⑪ 風船釣り (105ページ)　⑫ フーケットボール (106ページ)

⑬ 風船落下傘キャッチ (107ページ)　⑭ 風船変化球バレー (108ページ)

3 コンテナで導き出せる動き

① コンテナボウリング (109ページ)　② コンテナ太鼓 (110ページ)　③ そぉーと運ぼう (111ページ)

④ ドボン (112ページ)　⑤ コンテナステップ (113ページ)　⑥ コンテナ島わたり (114ページ)

⑦ コンテナわたり (115ページ)　⑧ コンテナ昇降 (116ページ)　⑨ 力持ちになろう (117ページ)

⑩ コンテナ押し相撲 (118ページ)　⑪ バランスをとろう (119ページ)　⑫ コンテナ運び (120ページ)

⑬ コンテナストラックアウト (121ページ)　⑭ コンテナスローイン (122ページ)

ペットボトルで導き出せる動き

① ペットボトルビンゴゲーム (123ページ)　② ペットボトルころがし (124ページ)　③ ペットボトルジャベリックスロー (125ページ)

④ ペットボトルクーゲルバーン (126ページ)　⑤ ペットボトルジャグリング (127ページ)　⑥ ペットボトルトーチⅠ (128ページ)

⑦ ペットボトルトーチⅡ (129ページ)　⑧ ペットボトルけん玉 (130ページ)　⑨ ペットボトル野球 (131ページ)

⑩ ペットボトルバトン (132ページ)　⑪ ペットボトルバランスとり (133ページ)　⑫ ペットボトルクロス引き (134ページ)

⑬ ペットボトル筋トレ (135ページ)　⑭ ふわふわ金魚 (136ページ)

 ## ディスクで導き出せる動き

① ディスク近投 (137ページ)　② ディスク的あて (138ページ)　③ ディスク輪通し (139ページ)

④ ディスクゴルフ (140ページ)　⑤ ディスク的いれ (141ページ)　⑥ ディスクキャッチ (142ページ)

⑦ ディスクボッチャ (143ページ)　⑧ ディスクシュート (144ページ)　⑨ ドッヂビー (145ページ)

⑩ ディスクリレー (146ページ)　⑪ ディスク遠投 (147ページ)　⑫ ディスクころがし (148ページ)

⑬ ディスクストラックアウト (149ページ)　⑭ ディスクパス＆キャッチ (150ページ)

その他の素材で導き出せる動き

① Gボールで筋トレ (151ページ)　② コーンバーでバランス (152ページ)　③ シーツでボールキャッチ (153ページ)

④ タオルでキャッチ (154ページ)　⑤ トラロープでスロー＆キャッチ (155ページ)　⑥ トラロープでいろいろ歩き (156ページ)

⑦ ブルーシートでいろいろジャンプ (157ページ)　⑧ 雨どいでボールバランス (158ページ)

⑨ 紅白玉でストラックアウト＆バランス (159ページ)　⑩ ポリエチレン傘袋で的あて＆ドッジボール (160ページ)

活動名 ①	**新聞輪くぐり**
体力要素	調整力（柔軟性、巧緻性）
学習指導要領での位置づけ	2段階（2） いろいろな器械・器具・用具を使った運動、表現運動、水の中での運動などに親しむ。
人 数	1人〜
用 具	新聞紙（見開き1枚）×人数分＋予備
活動内容	新聞紙に空けた穴に全身を通す。 ①1人1枚新聞紙を持つ。 ②新聞紙の中心部に人がくぐり抜けられる程度の穴を空けて、そこに全身を通す。 ③もっとも速く新聞紙の穴を全身が通り抜けた（クリアした）人を勝ちとする。 　身体のくぐり方を通してボディイメージの構築と、上半身の関節の柔軟性が求められる活動である。なお、新聞紙に空けた真ん中の穴を身体の大きさに合わせて上手に大きくしていく必要があり、破れてしまったら負けとする。新聞紙にうまく穴をあけられない子どももいるので、その時は手助けをする。
様 子	
発展した動き	★チーム戦：上記の方法で1人1枚ずつ新聞紙を渡し、リレー形式で行い、チーム全員が速くくぐり抜けたチームを勝ちとする。1チームの人数はその時々で変えられるが、3〜5人が適当。たくさんのチーム数でも一斉スタートで楽しめる。また、新聞紙をチームで1枚に限り、穴を空けた新聞紙をバトン代わりにしてリレーを行っても楽しめる。
留意点	【視覚障害】　新聞紙が破れてしまったら、声で合図して理解できるように支援するとよい。 【聴覚障害】　新聞紙が破れてしまったら、旗を振って合図して理解できるように支援するとよい。また、くぐる際に補聴器等が手や新聞紙に触れ落下しないかを観察する。 【肢体不自由】　上肢が動かしづらい場合は、最初から大きめの穴を空けた新聞紙を準備しておく。また、練習用として新聞紙の縁をガムテープなどで補強したものを利用してもよい。立位が不安定な場合は転倒しないように注意する。椅子に座って行ってもよい。

活動名 ②	**新聞島わたり**
体力要素	筋力（瞬発力、跳）、調整力（平衡性）
学習指導要領での位置づけ	3段階（1） 歩く、走る、跳ぶなどの基本的な運動を、姿勢や動きを変えることによって、いろいろな方法で行う。
人　数	1人、あるいは2、3人で1チーム
用　具	新聞紙（チームごとに適量）
活動内容	新聞紙を島（安全地帯）に見立てて、その島の上のみに足を載せて移動する。 ①足下に新聞紙を1枚置く。 ②新聞紙を数枚持ちながら、その上に立つ。 ③スタートの合図で、持っていた新聞紙を自分の前に置き、その上に足を載せる。 ④新聞紙を置いては前進、置いては前進を繰り返し、ゴールを目指す。 　途中、新聞紙から足がはみ出たらアウト。歩幅に合わせてうまく新聞紙を並べることがコツ。スタートからゴールまでの距離は場所と対象者の体力に合わせて設定する。
様　子	
発展した動き	★チーム戦：上記の活動内容に加え、チーム全員が移り渡った時点で次の新聞紙を並べ、前に進んでいく。距離感とバランス感覚が求められる。なお、チームのうち誰か1人が新聞紙外を踏んだ時点でアウト。もっとも速くゴールまで進んだチームを勝ちとする。 ★使用できる新聞の枚数を限定するとよりいっそうゲーム性が増す。 ★人数やレベルに合わせて新聞紙の大きさを変えても楽しめる。
留意点	【視覚障害】　新聞紙の代わりにJPクッションを使用するとよい。 【聴覚障害】　チーム戦の場合、肩などを軽くたたいて合図をしながら進めるとよい。 【肢体不自由】　上肢を動かしにくい場合や立つ・しゃがむ動きが難しい場合は、事前に新聞紙を敷いておくとよい。また、立位が不安定な場合は転倒しないように注意する。

第 2 章：体育指導に活用できる教材

1 新聞紙で導き出せる動き

活動名 ③	にんげんゴマ
体力要素	調整力（平衡性）
学習指導要領での位置づけ	2段階（2） いろいろな器械・器具・用具を使った遊び、表現遊び、水遊びなどを楽しく行う。
人数	2人1組（コマ役と紐を引く役とに分かれて活動するので、偶数名がよい）
用具	新聞紙を広げ、数枚をテープでつなげたもの（コマを回す紐の代わりにするので、なるべく長くする）
活動内容	人間をコマ、新聞紙を紐にして、コマ回しの要領で紐を引く。 ①コマを引く係は、コマ係の身体に新聞紙を巻き付ける。 ②引く役は、新聞紙が破れないように丁寧に、かつある程度力を入れて新聞紙を引く。 ③コマ係は、新聞紙が引かれるのに合わせて回る。引く係は、最後まで引っ張る。2人で息を合せることがコツ。引き終わった後に新聞紙が破れなかったチームや途中で破れても引き終わった新聞紙が長い方を勝ちとする。
様子	
発展した動き	★新聞紙の長さを伸ばすことによりコマを長く回すことになり、難しくなる。 ★「紐」が切れやすくなるよう新聞紙の太さを細くすることでも、難しくなる。 ★コマを回して引き終わり伸びた新聞紙を、続けてコマが巻き取る活動もできる。
留意点	【視覚障害】 周囲の安全環境に留意する。始める合図を声に出したり、音を出したりするとわかりやすくてよい。新聞紙が破れてしまったら、声で合図するとよい。 【聴覚障害】 始める合図を視覚的にわかるようにするとよい。特に複数で行う場合は周囲の安全環境に留意する。 【肢体不自由】 新聞紙が破れづらいように新聞紙のまわりにテープを貼ることにより補強しておくとよい。立位が不安定な場合は新聞紙をゆっくり引き、転倒しないよう注意する。

活動名 ④	**新聞棒押し引き相撲**
体力要素	調整力（敏捷性、平衡性、協応性）
学習指導要領での位置づけ	3段階（3） いろいろなきまりを守り、友達と協力して安全に運動をする。
人数	2人1組
用具	新聞紙で作った輪、新聞紙を円筒状に丸めた棒（新聞棒）
活動内容	新聞紙を丸めた棒を用いて、押し引き相撲を行う。 ①新聞棒の長さに合うように2人は離れて向き合う。 ②新聞紙で作った輪の中に両足を置き、お互いに新聞棒を握る。 ③新聞棒を押したり引いたりしながら相手のバランスを崩し、輪の外に出す。 ④相手を輪の外へ先に出した方を勝ちとする。 ※個人戦でも団体戦でも行える。
様子	
発展した動き	★新聞紙の輪を小さくすると、バランスをとることがよりいっそう難しくなる。 ★足元の輪をJPクッションに代えることで、平衡性がよりいっそう求められるようになる。
留意点	【視覚障害】 新聞紙の輪からはみ出したことがわかりづらいため、低めの巧技台に立って行うか、始めから新聞棒に足を載せ、足が新聞棒から離れたら負けとする。 【聴覚障害】 開始や終了の合図、新聞紙の輪からはみ出した時は、旗を挙げてわかりやすくするとよい。 【肢体不自由】 利き手でない手を使用することが難しい場合は、新聞棒1本を利き手で持って行うとよい。

第2章：体育指導に活用できる教材

新聞ジャベリックスロー

活動名 ⑤	新聞ジャベリックスロー
体力要素	筋力（投）、調整力（平衡性）
学習指導要領での位置づけ	3段階（2） いろいろな器械・器具・用具を使った運動、表現運動、水の中での運動などをする。
人数	2人〜
用具	新聞紙、セロハンテープ 【準備】新聞紙の片方の先端を尖らせるように丸めて、セロハンテープで止める。もう片方の端は新聞紙に切れ目を入れ、新聞紙でジャベリン（やり）を作る。
活動内容	新聞紙で作ったジャベリン（やり）を投げる。 ①適度な力を入れて前方に投げる。 ②その投げた距離を競う。
様子	
発展した動き	★投げることに慣れてきたら、的あてをすることもできる。 ★投げるだけでなく、新聞紙が滑りやすい体育館等では床を滑らせて、その距離を競うこともできる。
留意点	【視覚障害】 投げる方向に補助員が立ち、手ばたきで方向を指示する。投げた距離（記録）を伝える。 【聴覚障害】 事前に投げるフォームを見せて、投げる動作のイメージをもったうえで活動に入るとよい。回収時に投げないように注意する。 【肢体不自由】 やりを握ることが難しい場合は、握る部分にテープなどを巻いて握ったりつまみやすいように工夫するとよい。

1 新聞紙で導き出せる動き

新聞紙で導き出せる動き ①

活動名 ⑥	新聞棒風船ころがし
体力要素	調整力（敏捷性、巧緻性）
学習指導要領での位置づけ	3段階（2） いろいろな器械・器具・用具を使った運動、表現運動、水の中での運動などをする。
人数	2人〜
用具	新聞紙を円筒状に丸めた棒（新聞棒）、風船 【準備】風船には、細く折り帯にした新聞紙を十文字を描くように巻き、テープで止めておく。
活動内容	風船を新聞紙で作った棒でころがし、コースを進む。 ①床に置いた風船を、新聞棒でころがしながら、折り返し地点（コーンなど）を回って戻ってくる。 ②先にスタート地点に戻ってきた方を勝ちとする。
様子	
発展した動き	★チーム戦：新聞棒をバトン代わりにしてリレーを行っても楽しめる。 ★ころがすものをペットボトルなどに代えても楽しめる。 ★風船でホッケーやゴルフ（チームをつくり、順番に風船を打つ）を行うこともできる。
留意点	【視覚障害】 風船の位置が分かるように、風船の中に鈴を入れて支援するとよい。あるいは、空き缶など音の出やすいものを使用してもよい。事前に見本を示し、良い動きを理解したうえで活動に取り組む。声で方向指示をしたり、伴走（歩）するとよい。 【聴覚障害】 チーム戦ではころがり方により交錯する可能性があるのでコース間隔に配慮する。始めと終わりの合図を事前に確認する。 【肢体不自由】 風船が進行方向と異なる方向にころがってしまう場合は、補助者と一緒に協力しながら行うとよい。

新聞棒ラダージャンプ

活動名 ⑦	**新聞棒ラダージャンプ**
体力要素	筋力（跳）、調整力（敏捷性）
学習指導要領での位置づけ	3段階（1） 歩く、走る、跳ぶなどの基本的な運動を姿勢や動きを変えるなどしていろいろな方法で行う。
人数	1人〜
用具	新聞紙を円筒状に丸めた棒（新聞棒）
活動内容	床にさまざまな向きに置いた新聞棒をラダーに見立てて、またいだり、ジャンプを行う。 ①新聞棒を床に「縦」に置き、新聞棒を踏まないようにまたいで「右や左」に移動する。 ②新聞棒を床に「横」に置き、新聞棒を踏まないようにまたいで「前や後ろ」に移動する。 ③新聞棒を床に「縦」に置き、新聞棒を踏まないように連続して「左右」にジャンプする。 ④新聞棒を床に「縦」に置き、新聞棒を踏まないように連続して「前後」にジャンプする。 ⑤新聞棒を2本用い、床に「縦に平行」に置き、幅跳びをする。跳び越すことができたら、徐々に新聞棒の幅を広げていく。
様子	
発展した動き	★ラダージャンプ：複数本の新聞棒を組み合わせて、ラダーのように並べる。片足や両足でジャンプしたり、前後左右に素早くまたいだりするなど、いろいろな運動を組み合わせて敏捷性を高める運動を行う。
留意点	【視覚障害】 新聞棒を踏んだ時に分かりやすいように、新聞を厚く巻いた新聞棒を準備しておくとよい。 【聴覚障害】 事前に見本を示し、良い動きを理解したうえで活動に取り組むとよい。 【肢体不自由】 ジャンプ後に転倒しないように、正面に立った補助者と手をつないで行うとよい。ジャンプが難しい場合は新聞棒を片足ずつまたぐように越えるとよい。

新聞紙で導き出せる動き 1

活動名 ⑧	**新聞棒バランスとり**
体力要素	調整力（平衡性）
学習指導要領での位置づけ	2段階（2） いろいろな器械・器具・用具を使った運動、表現運動、水の中での運動などに親しむ。
人数	1人〜
用具	新聞紙を円筒状に丸めた棒（新聞棒）、風船
活動内容	新聞紙で作った棒を手のひらに載せて、バランスをとる。 【片手バランス】 ①新聞棒を片手の手のひらの上に立てて、手のひらから落ちないようにバランスをとる。 ②新聞棒を落とさないように長くバランスを保った人を勝ちとする。 【両手バランス】 ①新聞棒を両手のひらに載せて落ちないようにバランスをとる。 ②両方の新聞棒を落とさないように長くバランスを保った人を勝ちとする。
様子	
発展した動き	★片手で水平に持った新聞棒の上に風船を載せてバランスをとる。 ★片手で新聞棒を垂直に持ち、新聞棒の先に風船を載せてバランスをとる。 ★チーム戦：2人1組となり、片手に持った新聞棒を使って風船を運び、折り返し地点を回り戻ってくる。風船をバトン代わりにしてリレーを行う。
留意点	【視覚障害】 周囲の安全環境に留意する。 【聴覚障害】 周囲との接触がないよう大きめのフラフープを足元に置くなどしてエリアを決めてもよい。 【肢体不自由】 バランスをとることが難しいようであれば、短く太めの新聞棒を準備するとよい。

新聞棒とり

活動名 ⑨	**新聞棒とり**
体力要素	筋力（瞬発力）、調整力（敏捷性）
学習指導要領での位置づけ	3段階（1） 歩く、走る、跳ぶなどの基本的な運動を姿勢や動きを変えるなどしていろいろな方法で行う。
人数	1人～
用具	新聞紙を円筒状に丸めた棒（新聞棒）
活動内容	新聞紙で作った棒を用いて、1人あるいは2人ペアとなり、棒とりを行う。 ①新聞棒を床に立て、片手で軽く押さえる。合図で押さえていた手を離し、反対の手で押さえる。 ②合図で手を離して、パチンと1回拍手をして新聞棒が倒れる前に押さえる。 ③できるようであれば、拍手をする回数を2回、3回…と増やして行う。 ④合図で手を離して、その場で身体を一回転させて、新聞棒が倒れる前に押さえる。 ⑤両手で水平に持った新聞棒を上部に放り投げ、身体の後ろでキャッチする。 ⑥⑤の活動を2人1組で行う。1人が投げ、1人が捕るようにする。
様子	
発展した動き	★2人以上で行う場合は、合図に合わせて自分の新聞棒を離し、隣の人の新聞棒が倒れる前に押さえる。押さえに行く際ぶつからないように、事前に移動する方向（右側か左側か）を確認しておく。できたら、人数を増やしていき、輪になって行うといっそう楽しめる。
留意点	【視覚障害】 2人以上で行う場合は、補助者とともに活動し、安全に配慮する。 【聴覚障害】 合図を出す時には、「3・2・1」とカウントを指で示したり、「せーの！」と顔を見合うようにして皆でかけ声をかけて行うとよい。 【肢体不自由】 新聞棒がすぐに倒れないように少し太めの新聞棒を用意するとよい。

活動名 ⑩	**新聞ハエたたき**
体力要素	筋力(投)、調整力(協応性、敏捷性)
学習指導要領での位置づけ	2段階(2) いろいろな器械・器具・用具を使った運動、表現運動、水の中での運動などに親しむ。
人数	1人～
用具	1ページ分の新聞紙を小さく丸めたボール(新聞紙ボール)、ラケットなど
活動内容	トスされた新聞紙ボールを打ち役の人がたたく(打ち返す)。 ①2m程度離れて2人で向き合って立つ。 ②1人が新聞紙ボールをアンダーハンドでトスするように投げ、もう1人が手で打つ。打つ人は相手に返す必要はなく、正確に手の平にあてることを意識する。 ③打つ人は右手で打ったり、左手で打ったり、左右交互に打ったりというように制限をつけて両手で行うとよい。 ④打ち返す範囲を決めて行うとゲーム性を高めた内容になる。
様子	
発展した動き	★はじめは1球ずつ投げ、慣れてきたら連続して投げたり、一度に複数の新聞紙ボールを投げる。連続して投げる場合は、投げるリズムや投げ上げる高さやスピードに変化をつけると難しくなる。一度に複数の新聞紙ボールを投げる場合は、どの順番で打つか判断して素早く動くことが求められる。 ★卓球やバドミントンのラケットを使って打ち返すと、ラケットスポーツの導入ゲームとしても行うことができる。 ★ソフトボールほどの新聞紙ボールと新聞紙を丸めたバットを用いて、室内でのバッティング練習もできる。
留意点	【視覚障害】 ブラインドテニス用の音の出るボールや中に鈴を入れた大きめの新聞紙ボールを使うことでボールの位置がわかるようにする。 【聴覚障害】 事前に活動の見本を示し、活動を把握してから行うとよい。 【肢体不自由】 新聞紙ボールが小さくて打ちにくいようであれば、新聞紙ボールを大きくするとよい。

活動名 ⑪	**新聞玉いれ**
体力要素	筋力（投）、調整力（巧緻性、協応性）
学習指導要領での位置づけ	2段階（2） いろいろな器械・器具・用具を使った運動、表現運動、水の中での運動などに親しむ。
人数	2人から数人で
用具	1ページ分の新聞紙を小さく丸めたボール（新聞紙ボール）、新聞紙で作った輪、タモ網（あるいは、ザル、カゴ）
活動内容	新聞紙で作ったボールをタモ網などに投げ入れる。 ①できるだけたくさんの新聞紙ボールを準備しておき、スタートラインから目標（タモ網）の距離を徐々に離して入れられるか、また時間内にいくつに入れられるか競う。 ②ザル、カゴ、新聞紙の輪などを用いて、複数の目標を準備し、スタートラインからの距離や高さを変えたり、用いた目標物に得点を設定したり、いろいろなゲームが楽しめる。
様子	
発展した動き	★2人1組で、1人が投げた新聞紙ボールをもう1人がタモ網やザル、カゴなどを使ってキャッチする。初めは近い距離で行い、徐々に距離を離していく。キャッチする人は、投げられた新聞紙ボールの動きに合わせてカゴを少し引き気味に受けるとキャッチしやすくなる。 ★新聞紙ボールを1ページ分の新聞紙でバトミントンで用いるシャトル（コック）のような形に包み込む。こうすると投げ初めは真っ直ぐ飛ぶが、落ちる時はシャトルコック同様に垂直に落下する。通常の丸い新聞紙ボールとは異なった飛び方をするので、その動きを予測しながら投げる強さをコントロールする。また、ボールを握りにくい人でも、羽のように広がった部分をもって投げることもできる。
留意点	【視覚障害】 新聞紙ボールの位置がわかるように、ボールの中に鈴や音源を入れてボールを投げるとよい。ボールがどこに入ったか等の結果を伝える。 【聴覚障害】 事前に活動の見本を示し、活動を把握してから行うとよい。投げ出す合図を事前に決めて始めるとよい。 【肢体不自由】 新聞紙ボールが投げにくい場合は、シャトル状のボールを使い羽のように広がった部分を持って投げるとよい。

活動名 ⑫	# 新聞ボッチャ
体力要素	筋力（投）、調整力（巧緻性）
学習指導要領での位置づけ	3段階（3） いろいろなきまりを守り、友達と協力して安全に運動をする。
人数	2人〜
用具	1ページ分の新聞紙を小さく丸めたボール（新聞紙ボール）、ビニールテープ（青、赤の2色） 【準備】新聞紙ボールを青色か赤色のビニールテープで一巻きして、青ボールと赤ボールを6個ずつ作る。
活動内容	新聞紙ボールを用いて、ボッチャを行う。 ①大きめの新聞紙ボールを1つ作り、的として配置する。 ②青ボール、赤ボールを交互に投げ合い、どちらがどれだけ的に近づけることができたかを競う。 ※新聞紙ボールを大きくすると、両手で投げられるようになるので、参加者に合わせて新聞紙ボールの大きさを調整する。
様子	
発展した動き	★新聞ボールを転がして床に置いたフラフープの中に入れたり，広げた新聞紙の上に留めるなど、的を変化させることによっていろいろなゲームを楽しむことができる。 ★テニスボールに1/4ページ分の新聞紙を巻くと、新聞紙ボールよりも重量を増すことができ、ころがりやすく止まりやすいボールになる。正式なボッチャボールに近いころがり方となるので、競技性が増す。
留意点	【視覚障害】 新聞紙ボールの位置がわかるように、ボールの中に鈴を入れたり、的のそばで手ばたきをして方向がわかるように支援するとよい。的までの距離等の結果を伝える。 【聴覚障害】 イラストや見本などを使って、活動の手順を把握してから始めるとよい。 【肢体不自由】 投げることが難しい場合は、足で蹴ったりスロープを使ってボールをころがしてもよい。

活動名 ⑬	**新聞PK合戦**
体力要素	調整力(敏捷性、巧緻性)
学習指導要領での位置づけ	2段階(2) いろいろな器械・器具・用具を使った運動、表現運動、水の中での運動などに親む。 3段階(3) いろいろなきまりを守り、友達と協力して安全に運動をする。
人 数	2人～
用 具	新聞紙、風船、レジ袋、テープ 【準備】風船を新聞紙で包み、ボールを作る。
活動内容	新聞紙ボールを蹴って、サッカーのPK合戦を行う。 ①ゴールの幅やキッカーの蹴る位置等を決める。 ②ボールを蹴って、PK戦を行う。 ※新聞紙で包むことで風船に新聞紙の重さが加わり飛びやすくなるが、適度な浮力がありゆっくり飛ぶので室内でも安全にPK戦を行うことができる。また、リフティングの練習もできる。 ※レジ袋に新聞紙を詰めたものをボールとしても同じような特性のボールができ、PK戦を行うことができる。
様 子	
発展した動き	★通常のボールの動きに追いつきにくい人でも、新聞で包んだ風船ボールであればゆっくりころがるので、ドリブルやフットサルを行うことができる。 ★新聞で包んだ風船ボールであれば、軽くて浮力があり、ドッジボールやバレーボールもできる。
留意点	【視覚障害】ボールの位置がわかるように風船の中に鈴を入れたり、ゴールの上下左右で手ばたきして支援するとよい。ゴールに入ったか等の結果を伝える。 【聴覚障害】事前に蹴るフォームを見せて、手順やイメージをもてるように支援するとよい。 【肢体不自由】蹴ることが難しい場合は、ゴールまでの距離を短くして投げてもよい。

活動名 ⑭	**新聞フレームボール**
体力要素	筋力（投）、調整力（巧緻性）
学習指導要領での位置づけ	2段階（2） いろいろな器械・器具・用具を使った運動、表現運動、水の中での運動などに親しむ。
人 数	2人〜
用 具	1ページ分の新聞紙を幅3cmほどに折った輪を6本組み合わせたボール（フレームボール）、新聞紙、ペットボトル　など
活動内容	新聞紙で作ったフレームボールを用いて、キャッチボールや的あてを行う。 ①フレームボールに慣れるためキャッチボールを行う。 　フレームに指をかけるだけで保持しやすく、ボールを握る必要はないので、握力が弱い人やボール運動が苦手な人でも投げたり、キャッチしたり、拾うことが容易にできる。 ②フレームボールを投げてペットボトルなどの的にあてる。 ③当たった個数の多い人を勝ちとする。 　ボウリングゲームなどいろいろなボール運動の導入教材となる。
様 子	
発展した動き	★小さな的を高得点の的とすることで、投げる人の巧緻性が求められる。 ★高得点の的を遠くに配置することにより、巧緻性とともに投力が求められる。
留意点	【視覚障害】　的の近くから声掛けする人を配置することで、投球者に投げるべき方向を伝えるように支援するとよい。何本倒れたのかやボールの行き先等の結果を伝える。 【聴覚障害】　投げ方のお手本を見せることにより、活動の目的や手順、楽しみ方などを事前におさえておくとよい。 【肢体不自由】　新聞紙を厚めにしたりテープを多めに使用することで頑丈なフレームボールを準備するとよい。フレームを持つ、つまむ、指にひっかけるなど投げやすい方法を工夫するとよい。

第 2 章：体育指導に活用できる教材

活動名 ①	風船つき
体力要素	調整力（敏捷性、平衡性）
学習指導要領での位置づけ	1 段階（1） 教師と一緒に、楽しく手足を動かしたり、歩く、走るなどの基本的な運動をしたりする。
人 数	1人〜
用 具	風船、新聞紙朝刊分をできるだけ細く丸めた棒（新聞棒）
活動内容	手のひらで風船をつき、体勢や風船をつく部位、人数等を徐々に変える。 ①手のひらで風船をついている状態から、お尻を床につけ、その状態でつく。また、床上でさまざまなポーズで風船をつく。 ②床上で前転や横転、指導者とジャンケンをしながら風船をつく。 ③手の甲のみでつく。さらに、手のひらと甲と交互についたり、右手と左手で交互につく。さらに、手の甲でついている状態から、指導者の指示した部位（肩、頭、など）や回数どおりにつく。 ④手のひらで風船をつきながら歩いて（対面する）壁まで移動する。 ⑤2人組になって交互に風船をつく。人数を複数にして、同様に行う。 さらに、2人組になって手をつなぎ、つないだ手を離さないでつく。さらに交互につく。
様 子	
発展した動き	★新聞紙を丸めた棒（新聞棒）を使って風船をつく。 ・事前に決めた回数をついた後、新聞棒の上で風船を留める。 ・新聞棒の上で風船を留めたままで姿勢を変える（回転したり、座ったり、片足をあげてバランスをとったり）。 ・ついていた風船を、補助者の合図で隣の人と交換する。さらに、合図で指定された色の風船と交換する。 ★2人組で新聞棒を使って交互に風船をつく。 ・補助者の合図で、ついていた風船を2人で呼吸を合わせて新聞棒ではさんで留める。 ・はさんだ風船を（対面する）壁まではさんだまま運ぶ。
留意点	【視覚障害】 風船の位置がわかるように、風船の中に鈴を入れて支援するとよい。 また、用具には手でよく触れてもらい、形状を理解できるようにするとよい。 【聴覚障害】 イラストなどを利用して、活動の手順をしっかり把握してから始めるとよい。 【肢体不自由】 身体のどの部位でも動かしやすい部位で風船をつくようにするとよい。 立位が不安定な場合は転倒しないように注意する。椅子に座って行ってもよい。

2 風船で導き出せる動き

活動名 ②	**風船投げ**
体力要素	筋力（投）、調整力（巧緻性、協応性）
学習指導要領での位置づけ	2段階（3） 簡単なきまりを守り、友達とともに安全に運動をする。
人数	2人～
用具	棒状の風船、的（点数付） 【準備】風船を投げる位置（ライン）を決める。
活動内容	棒状の風船を的に向けて投げる。 ①空中に吊るされた点数を書いた的に向かって風船を投げる。投げる順番は交互に行う。 ②投げる回数を決め、的にあたり、その合計得点が多い方が勝ちとする。
様子	
発展した動き	★的の大きさ、高さを変え、点数の高い的を小さくする。 ★投げる位置を遠くに設定し、遠くに投げなければ届かないようにする。
留意点	【視覚障害】 的の位置を把握しやすくするため、的に音源を設置するとよい。風船が的のどこにあたったか等の結果を伝える。 【聴覚障害】 イラストなどを利用して、活動の手順をしっかり把握してから始めるとよい。 【肢体不自由】 風船を握る、つまむなど、投げやすい投げ方を工夫するとよい。

活動名 ③	**服でキャッチ**
体力要素	調整力（平衡性、協応性）
学習指導要領での位置づけ	2段階（3） 簡単なきまりを守り、友達とともに安全に運動をする。
人 数	2人〜
用 具	風船、伸びる素材の上着　（ジャージーや割烹着などが適している）
活動内容	トスされた風船を上着の裾を伸ばしてキャッチする。 ①一人が上着（ジャージーや割烹着）の下の裾（すそ）を手で伸ばして、風船をキャッチできるよう準備する。 ②もう一人が風船を投げ上げて、キャッチする人は伸ばした服で風船を捕る。
様 子	
発展した動き	★伸びない（伸びにくい）素材や、やや小さめな服に替えると難しくなる。 ★4人以上で行う場合は、チーム戦を行うこともできる。
留意点	【視覚障害】　風船の位置がわかるように明るい色の大きな風船を用い、中に鈴を入れて支援するとよい。事前に風船や自分の服の大きさを確認するように支援するとよい。 【聴覚障害】　イラストなどを利用して、活動の手順をしっかり把握してから始めるとよい。 【肢体不自由】　滞空時間を長くするため風船にヘリウムガスを混ぜるとよい。車いす使用者は膝の上に載せるようにキャッチしてもよい。

活動名 ④	**カラフルキャッチ**
体力要素	筋力（投）、調整力（敏捷性）
学習指導要領での位置づけ	3段階（3） いろいろなきまりを守り、友達と協力して安全に運動をする。
人数	2人〜
用具	風船×4つ（色の異なるもの）を空気注入口の部分を合わせてしばり、1個にまとめる。
活動内容	複数個の色の異なる風船を1つにまとめた大きな風船をトスし、キャッチする際に色を指定してキャッチする。 ①一人が口の部分をしばりまとめた風船を上に投げ上げて、もう一人がキャッチする。 ②あらかじめ風船の色を指定しておき、その指定した色の風船をキャッチする。 　相手がキャッチしやすいように、あるいはキャッチしにくいように投げると難度を変えることができる。
様子	
発展した動き	★人数を増やして輪になり、時計回りに風船を投げ上げ、次の人が捕り、さらに隣の人に…という活動にすれば団体で行うことができる。 ★投げ上げる人が投げ上げた直後にキャッチする色を指定し、キャッチする人はその色の風船を捕るようにすると色の指定からキャッチまでの時間が短いため、難しくなる。 ★風船の数（色数）を増やすと、難度が上がる。
留意点	【視覚障害】　この活動は、色覚異常のないロービジョン者向け。風船の位置が分かるように明るい色の大きな風船を用い、中に鈴を入れて支援するとよい。 【聴覚障害】　イラストなどを利用して、活動の手順をしっかり把握してから始めるとよい。 【肢体不自由】　初めは風船の数を少なくして行い、上手になったら徐々に風船の数を増やすとよい。立位が不安定な場合は転倒しないように注意する。滞空時間を長くするため風船にヘリウムガスを混ぜるとよい。

第2章：体育指導に活用できる教材

活動名 ⑤	風船をはさんで運ぶ
体力要素	筋力（走）、調整力（平衡性、協応性）、持久力（全身、筋）
学習指導要領での位置づけ	2段階（3） 簡単なきまりを守り、友達とともに安全に運動をする。
人　数	2人〜
用　具	風船×1つ（直径45cm程度） 【準備】スタートラインとゴールラインを決める（コースは折り返しでもよい）。
活動内容	2人1組になり、身体で風船をはさんで運ぶ。 ①2人ともゴール方向を向き、2人の体幹部（胴体）で風船をはさんで移動する。 ②風船を落としたらスタートラインに戻ってやり直す。2人で協力して運ぶことが求められる。
様　子	
発展した動き	★進行方向の人が後ろ向きになり、向かい合う形で、お腹同士ではさんでもよい（背中同士でもよい）。 ★風船の大きさ（大・中・小）や数（2〜3個）を変えると、難しくなる。 ★脇腹ではさみ、進行方向を横向きにすると、難しくなる。
留意点	【視覚障害】　直径80cm程度の大きな風船を用意して行う。 風船を大きめにし、しっかり身体に密着させ行うようにするとよい。 【聴覚障害】　イラストなどを利用して、活動の手順をしっかり把握してから始めるとよい。 前の人が手を挙げてスタート、補助者が手を挙げたらゴール等、合図の出し方を確認してから始めるとよい。 【肢体不自由】　車いす使用者は、補助者など立位の人とペアで行うようにするとよい。

風船で導き出せる動き

活動名 ⑥	**風船を列になって運ぶ**
体力要素	筋力（走）、調整力（平衡性）、持久力（全身、筋）
学習指導要領での位置づけ	身体つくり運動
人 数	4人〜
用 具	風船×複数個 【準備】スタートラインとゴールラインを決める（コースは直線路でもよい）。
活動内容	複数名で前の人の背中と自分のお腹とで風船をはさんで運ぶ。 ①列の先頭になる人以外は1人1つ風船を持つ。 ②全員が一列になり、前の人の背中と自分のお腹で風船をはさんで固定する。 ③列の時には前の人を掴まないようにする。 ④風船をはさむことができたら、一番後ろの人が声をかけてスタート。 　風船を落とさずに歩く。
様 子	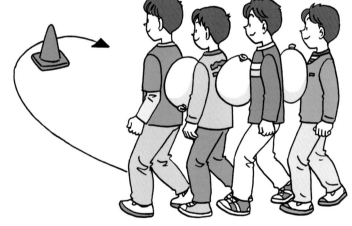
発展した動き	★チーム戦：チームを2つ作って、どちらが長く歩けるか競争する。 ★前後だけでなく横向きになり、脇腹で風船をはさんで前や横に進むと、難しくなる。 ★全員が同じ方向を向かずに風船をはさみ、進行方向を合わせると、さらに難しくなる。
留意点	【視覚障害】　大きめの風船を用い、しっかり身体に密着させ行うようにするとよい。スタート・ストップ時は必ず声かけをする。 【聴覚障害】　イラストなどを利用して、活動の手順をしっかり把握してから始めるとよい。先頭の人が手を挙げてスタート、補助者が手を挙げたらゴール等、合図の出し方を確認してから始めるとよい。補助者は皆から見える位置に常に立つ。 【肢体不自由】　車いす使用者は列の先頭になるとよい。また、車いす使用者は2人組みで横並びとなり、肩で風船をはさんで進んでもよい。

風船を落とさずゆっくり運ぶ

活動名 ⑦	風船を落とさずゆっくり運ぶ
体力要素	筋力（走）、調整力（平衡性）、持久力（全身）
学習指導要領での位置づけ	2段階（1） 歩く、走る、跳ぶなどの基本的な運動に慣れる。
人数	1人
用具	風船×1～2つ
	【準備】スタートラインとゴールラインを決める（コースは折り返しでもよい）。
活動内容	自分のお腹に風船を載せて運ぶ。 ①風船をお腹の前に載せる。 ②風船が横に逸れて落ちたりしないように移動する。
様子	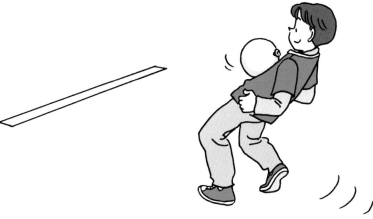
発展した動き	★前だけではなく、後ろに進む。 ★片手を体の前方に床と並行に伸ばし、その手首を返して（床と垂直にして）手のひらに風船を載せたまま、落とさないように前に進む。 ★額（おでこ）など、風船を載せる部位を変えて移動する。
留意点	【視覚障害】 風船の位置が分かるように、大きめの風船を用いる。ゴール地点で手ばたきをしたり、声で誘導したり、補助者と一緒に活動するなど配慮する。 事前に風船を手や顔等の部位で直接肌で触れるようにしてから行うとよい。 【聴覚障害】 イラストなどを利用して、活動の手順をしっかり把握してから始めるとよい。 【肢体不自由】 車いす使用者は膝の上に風船を載せて落とさないように進んでもよい。

活動名 ⑧	**風船シーツ運び**
体力要素	筋力（走）、調整力（平衡性、協応性）、持久力（全身）
学習指導要領での位置づけ	3段階（3） いろいろなきまりを守り、友達と協力して安全に運動をする。
人数	2人〜
用具	風船（中くらいの大きさ）×1個、新聞紙、シーツ（2人で持って運べるほどの大きさ）×1枚 【準備】・スタートラインとゴールラインを決める（コースは折り返しでもよい）。 ・帯状にした新聞紙を風船に巻く。 ・シーツに風船が通り抜けることができる程度の穴をいくつか空けておく。穴の縁はガムテープで補強
活動内容	2人1組でシーツを広げて、その上に風船を載せて運ぶ。 ①シーツの上に風船を載せ、2人でシーツの端を持ってコースを進む（風船を運ぶ）。 ②風船が落ちたら、その場でシーツを床に下ろし、風船をシーツの上に戻してから再スタートする。
様子	
発展した動き	★シーツに載せる風船やシーツの穴の数を増やすと、難しくなる。 ★人数を増やす。人数を増やしたら、シーツを持つ位置を指定する（協力動作がより必要になる）。 ★コースをスラロームにしたり、途中にミニハードルを設定する。 ★チーム戦：タイムで順位を競ったり、複数のチームで一斉にスタートするレース形式にして競うとより楽しめる。
留意点	【視覚障害】 風船の位置が分かるように、風船の中に鈴を入れて支援するとよい。補助者が声かけしながら活動する。ゴール地点を手ばたきをして知らせたり、風船が落ちた場合は声かけして伝えるとよい。 【聴覚障害】 イラストなどを利用して、活動の手順をしっかり把握してから始めるとよい。 【肢体不自由】 シーツの端に結び目を作り、持ちやすくするとよい。車いす使用者は4人組みで行い、片手でシーツを把持するとよい

2 風船で導き出せる動き

活動名 ⑨	**風船棒運び**
体力要素	調整力（平衡性、巧緻性、協応性）
学習指導要領での位置づけ	2段階（3） 簡単なきまりを守り、友達とともに安全に運動をする。
人数	4人
用具	細長い風船（マジックバルーン）×5本 【準備】マジックバルーン5本を膨らませ、1本で輪を作り、残りの4本は細長い風船のまま（風船棒）で用いる。
活動内容	細長い風船（風船棒）を用いて、輪状にした風船を運ぶ。 ①4人は両手間隔で横1列に並ぶ（椅子に腰かけていてよい）。 ②手にした細長い棒状の風船（風船棒）だけを用いて、最初の人から受けた輪にした風船を次の人に渡す。
様子	
発展した動き	★運ぶ風船（輪）を増やし、規定時間内にいくつ運べるか競う。 ★チーム戦：タイムで順位を競ったり、複数のチームで一斉にスタートするレース形式にして競うとより楽しめる。
留意点	【視覚障害】 位置が分かるように、風船に鈴を付けて支援するとよい。お互いに声をかけ合いながら行うとよい。 【聴覚障害】 イラストなどを利用して、活動の手順をしっかり把握してから始めるとよい。 【肢体不自由】 細長い風船を持ちにくい場合は風船をねじってくびれを作り、持ちやすくするとよい。

活動名 ⑩	**風船ボウリング**
体力要素	筋力（投）、調整力（協応性）
学習指導要領での位置づけ	2段階（3） 簡単なきまりを守り、友達とともに安全に運動をする。
人 数	2人〜
用 具	風船×5〜10個、フラフープ、ソフトバレーボール、フライングディスク 【準備】・フラフープを床に置き、フープの内側に複数の風船を並べる。 　　　　・ボールをころがし入れる位置（ライン）を決め、ボールを手にして立つ。
活動内容	風船でつくったピンとソフトバレーボールを用いてボウリングを行う。 ①ラインからボールをころがし入れ、風船に当ててフラフープから風船を出す。 ②フラフープから飛び出した風船の数を得点とする。 ③ボウリングのように複数回投げ合い、その合計得点を競い合う。 　個人戦でもチームに分かれた対抗戦でも行うことができる。
様 子	
発展した動き	★ボールの代わりに、フライングディスクを用いて投げてもよい。屋内で行うのでウレタン製のディスクがよい。 ★台やテーブル等の上にフラフープと風船を置くことで、フライングディスクを投げ入れる方向と高さに対する正確さが求められ、難しくなる。
留意点	【視覚障害】　風船の位置が分かるように、風船の中に鈴を入れたり、的となるフラフープのそばに音源を設置したりといった支援をするとよい。何個出たかやボールの行き先等の結果を伝える。 【聴覚障害】　イラストなどを利用して、活動の手順をしっかり把握してから始めるとよい。 【肢体不自由】　投げることが難しい場合には、足で蹴ったりスロープを使用してころがしてもよい。

第 2 章：体育指導に活用できる教材

活動名 ⑪	**風船釣り**
体力要素	調整力（巧緻性、協応性）
学習指導要領での位置づけ	1 段階（2） いろいろな器械・器具・用具を使った遊び、表現遊び、水遊びなどを楽しく行う。
人 数	2 人〜
用 具	風船、たこ糸、竿（棒状のものなら何でもよい。50cm 〜 1m）、磁石、クリップ 【準備】・風船をたこ糸でしばり、糸の先端にクリップをつけ、床に無作為に並べる。 　　　・竿と同じくらいの長さのたこ糸の一端に磁石を取り付け、もう一端は棒と結び、釣り竿とする。
活動内容	風船を釣り竿で釣り上げる。 ①釣り竿につけた磁石を操り、風船のクリップを引き寄せて風船を釣り上げる。 ②複数の人が同時に行い、決められた時間内に誰が一番多く釣り上げられるかを競う。
様 子	
発展した動き	★床に並べる風船を増やし、規定時間内にいくつ釣れるか競う。 ★チーム戦：規定時間で釣れた風船の数を競ったり、複数のチームで一斉にスタートして釣れた個数を競う。
留意点	【視覚障害】　風船の位置等を声掛けする人とペアになって行うとよい。 【聴覚障害】　イラストなどを利用して、活動の手順をしっかり把握してから始めるとよい。 【肢体不自由】　風船がふわふわ動かないように小さめのフラフープ等の中に風船を入れておくとよい。

2　風船で導き出せる動き

活動名 ⑫	**フーケットボール**（風船でバスケットボール型ゲーム）
体力要素	筋力（走、投）、調整力（敏捷性）、持久力（全身、筋）
学習指導要領での位置づけ	3段階（3） いろいろなきまりを守り、友達と協力して安全に運動をする。
人数	6人～
用具	風船、新聞紙、フラフープ、台 【準備】・膨らませた風船の回りに、帯にした新聞紙を十文字を描くように巻く。 ・10m×10mのコートの両端に台を置き、台の上にフラフープを持ったゴールマン（バスケットボールのゴールの役割）が立つ。
活動内容	風船を用いて、バスケットボール型ゲームを行う。 ①新聞を巻いた風船をドリブル（両手でも可）や、パスをしながらゴールに迫り、ゴールマンに向けてシュートする。 ②ゴールマンは台から落ちないようにフープを動かし、風船がフープを通り抜けたら1点とする。
様子	
発展した動き	★チームの人数を増やすと、パス回しなど戦略性が高まる。 ★シュート合戦をする。 ・チームごとに1列に並び、順番にパスを回していきシュートを打つ。 ・チームを交代して繰り返す。 ・決められた人数でより多くのシュートを成功させたチームの勝ち。 ★ゴールマンの代わりに柱などへ固定したフープやかご、大きめの漁網を使ってもよい。 ★選手の実力に応じて、シュートを決めた時のポイントを変更する。
留意点	【視覚障害】 風船の位置が分かるように、風船の中に鈴を入れて支援するとよい。 また、ゴールマンは方向を教えるようにするとよい。補助者と一緒に活動する。 【聴覚障害】 イラストなどを利用して、活動の手順をしっかり把握してから始めるとよい。チーム内でパスする時の合図（手を挙げる等）を事前に決めておくとよい。 【肢体不自由】 いろいろな大きさの風船を準備して投げやすいものを使用するとよい。

2 風船で導き出せる動き

活動名 ⑬	# 風船落下傘キャッチ
体力要素	筋力（瞬発力、走）、調整力（敏捷性、平衡性、協応性）
学習指導要領での位置づけ	3段階（2） いろいろなきまりを守り、友達と協力して安全に運動をする。
人数	2人～
用具	風船×1つ、たこ糸（リードとしてたこ糸を使用）
活動内容	しぼみながら飛びまわる風船をキャッチする。 ①風船を膨らませる係を決め、しぼんだ状態の風船を膨らませ、しばらずに手で押さえたまま持つ。 ②参加者は適当な範囲に散らばり、風船をキャッチする準備をする。 ③膨らませ係は、スタートの合図で膨らませた風船を上に向かって放す。 ④参加者は飛んでいった風船が床に落ちる前にキャッチする。
様子	
発展した動き	★はじめは滞空時間が長いので大きい風船がよい。 ★風船の数を増やし、同時に複数の風船を落下させる。 ★チーム戦：それぞれのチームから代表を1人ずつ出し、誰がキャッチできるかを競う。PK戦のように、チームから1人ずつが出て、膨らませ役とキャッチ役を交互に行い、キャッチできた数を競う。
留意点	【視覚障害】 風船の位置が分かるように、風船の中に鈴を入れて支援するとよい。全盲の場合、集団での実施は危険。 【聴覚障害】 参加者同士が勢いあまって衝突・転倒しないように滞空時間の長い風船を用いるとよい。 【肢体不自由】 身体のどこかにあたればキャッチできたことにするとよい。立位が不安定な場合は転倒しないように注意する。

活動名 ⑭	**風船変化球バレー**
体力要素	筋力（瞬発力、跳）、調整力（敏捷性、平衡性、協応性）、持久力（全身、筋）
学習指導要領での位置づけ	3段階（3） いろいろなきまりを守り、友達と協力して安全に運動をする。
人数	2人〜
用具	風船×4つほど 【準備】膨らませた風船を複数個つなげる（直接しばってもよいし、輪ゴムや糸でつなげてもよい）。
活動内容	複数個の風船を1つにまとめ、それをボールにしてバレーボールを行う。 ①バレーボールコートのようにネットをはさんで、半分に分かれて陣地を作る。 ②複数個がつながった風船を用いて、通常のバレーボールのルールに準拠したルールを創り、試合をする。
様子	
発展した動き	★異なる色の風船をつなげて、相手が次に打つ（触れる）色を指定しながら打ち合う。 ★チームのメンバーそれぞれが担当する色を決め、その色だけを打つ（触れる）ようにする。 ★打ち合うのが難しければ、一度キャッチしてから相手コートに投げ返してもよい。 ★風船をつなげている紐の長さを長くすると動きが不規則になり、難しくなる。
留意点	【視覚障害】 風船の位置が分かるように、風船の中に鈴を入れて支援するとよい。集団での実施は困難。 また、各チームに1人、風船の落下する方向を口頭で伝える役割を入れるとよい。 【聴覚障害】 イラストなどを利用して、活動の手順をしっかり把握してから始めるとよい。チーム内でパスする時の合図（手を挙げる等）を事前に決めておくとよい。 【肢体不自由】 滞空時間を長くするため風船にヘリウムガスを混ぜるとよい。

2 風船で導き出せる動き

第 2 章：体育指導に活用できる教材

活動名 ①	コンテナボウリング
体力要素	筋力（投）、調整力（巧緻性）
学習指導要領 での位置づけ	3 段階（2） いろいろな器械・器具・用具を使った運動、表現運動、水の中での運動などをする。
人 数	1 人〜
用 具	コンテナ×3つ、コーン×2つ、安全バー×1本、ボール×1つ 【準備】・コンテナに数字を貼りつけて並べる。 ・コンテナから離れた場所にコーンと安全バーを組み合わせてボールをころがす（もしくは蹴る）位置を設置する。
活動内容	コンテナをピンに見立ててボウリングを行う。 ①安全バーの下からボールをころがして（もしくは蹴って）、コンテナを倒す。 ②3回行い、倒した数を合計して競う。 ※個人戦よりも、チーム戦にするとさらに面白味が増す。
様 子	
発展した動き	★ころがす位置とコンテナの間の距離を長くすることによって、難しくなる。 ★コンテナ（ピン）の数を増やす。
留意点	コンテナを用いた全ての活動は、コンテナに足を取られたり、つまずく、持ち運び時に角が接触する等のアクシデントが生じる可能性があり、通常の活動よりいっそうの安全に関する留意が必要。 【視覚障害】 コンテナの後ろに人を立たせ、投げる（蹴る）方向を声かけするといった支援するとよい（結果についても伝えることができる）。 【聴覚障害】 イラストや見本などを用いて、活動の手順やイメージをしっかり把握してから始める。 【肢体不自由】 投げることが難しい場合は、足で蹴ったりスロープを使ってボールをころがしいれてもよい。

活動名 ②	**コンテナ太鼓**
体力要素	調整力（協応性）
学習指導要領での位置づけ	3段階（2） いろいろな器械・器具・用具を使った運動、表現運動、水の中での運動などをする。
人数	1人〜
用具	コンテナ、椅子、ばち（食品用ラップフィルムの紙芯×2本） 【準備】コンテナは逆さまに（底面を上に）して用いる。
活動内容	コンテナを太鼓に見立て、たたいて遊ぶ。 ①裏返したコンテナを用意する。 ②真ん中を片手でたたく。（トン） ③縁（へり）の部分を片手でたたく。（カッ） ④真ん中を両手でたたく。（ドン） ⑤縁（へり）の部分を両手でたたく。（ガッ） ⑥楽譜を用意して演奏する。 〈楽譜の例〉 | 音	トン	トン	トコトン	ドン	トコトン	休	ガッ	ドン	カカカ	ドン	カカカ
---	---	---	---	---	---	---	---	---	---	---	---
マーク	○	○	○○○	◎	○○○	×	◎	◎	△△△	◎	△△△	
様子	
発展した動き	★リズムを変えて合奏する。 ★好きな曲に合わせて、合奏するとより楽しめる。
留意点	【視覚障害】　コンテナの高さや大きさを触れて確認する。楽譜の順序を音声で伝える。 【聴覚障害】　楽譜を拡大して目の前に掲示し、教師の指示棒の動きに合わせてたたくようにするとよい。たたき方の強弱も意識させたい。 【肢体不自由】　コンテナをたたく動作を上手く滑らかにできない場合は、（トン）担当、（カッ）担当、（ドン）担当、（ガッ）担当に分けて演奏を行うとよい。 自分の担当の場面でタイミングよく打つことや皆と合わせて演奏することを楽しむとよい。

❸ コンテナで導き出せる動き

第 2 章：体育指導に活用できる教材

活動名 ③	そぉーと運ぼう
体力要素	調整力（平衡性、巧緻性）
学習指導要領での位置づけ	3段階（2） いろいろな器械・器具・用具を使った運動、表現運動、水の中での運動などをする。
人 数	1人または2人
用 具	コンテナ、ピンポン球、うちわ、コーン 【準備】コンテナは逆さまに（底面を上に）して用いる。
活動内容	ピンポン球を載せたコンテナを両手で持ち上げ、ピンポン球を落とさないようして運ぶ。 ①床に置いたコンテナの上面にピンポン球を置く。ピンポン球はコンテナのくぼみに止まる。 ②スタートとゴールを設定し、ピンポン球を落とさないように運ぶ。
様 子	
発展した動き	★どこまで落とさずに歩けるかを競う。 ★制限時間を設定し、コーンとコーンの間を何往復できるかを競うとより楽しめる。 ★2人で行うときには、相手がうちわで仰いで風を送り、ピンポン球を落とそうと試みることで難度が上がる。移動して残ったピンポン球を数える。
留意点	【視覚障害】 ピンポン球が落ちそうになったら、コンテナが傾かないように持ち方を修正するように声をかけて支援するとよい。また、運ぶ方向を伝えるとよい。サウンドテーブルテニス用のボール（卓球と同じ大きさで中に鉄球が入って音が鳴る）を使用するとよい。 【聴覚障害】 イラストや見本などを用いて、活動の手順やルールをしっかり把握してから始める。 【肢体不自由】 車いす使用者は、コンテナを車いすで押しながら進んだり、コンテナをたたんで膝の上に載せて行うとよい。

3 コンテナで導き出せる動き

活動名 ④	**ドボン**
体力要素	調整力（巧緻性）
学習指導要領での位置づけ	3段階（2） いろいろな器械・器具・用具を使った運動、表現運動、水の中での運動などをする。
人　数	2人〜
用　具	コンテナ、竹串×8本、おはじき、新聞紙
活動内容	底面を下にしたコンテナの上部に新聞紙を置き、その上におはじきを投げて載せる。 紙を落とさずにどちらが多く投げられるかを競う。 ①コンテナに竹串を並べて、新聞紙が落ちない大きさを作る。 ②竹串の上に新聞紙を置き、手が届かない距離に離れて位置する。各人は、おはじきを10個ずつ持つ。 ③交互におはじきを投げて新聞紙の上に載せていく。もし、おはじきが載らずに落ちてしまったら連続して投げる。 ④新聞紙がコンテナに落ちた時に手元に残っているおはじきの数が多い方の勝ちとする。また、落ちなかった時は最後までおはじきを残せた方の勝ちとする。
様　子	
発展した動き	★おはじきの大きさを変えて挑戦する。 ★おはじきを投げ入れる距離をより長くして挑戦する。
留意点	【視覚障害】　おはじきを投げる新聞紙の位置に触れて確認したり、コンテナ内にラジオ等の音源を入れて目標をわかりやすくするとよい。 【聴覚障害】　イラストや見本などを用いて、活動の手順やルールをしっかり把握してから始める。 【肢体不自由】　投げることが難しい場合は、紙の上におはじきを落とすようにするとよい。

活動名 ⑤	# コンテナステップ
体力要素	調整力（敏捷性、平衡性）、持久力（全身）
学習指導要領での位置づけ	3段階（1） 歩く、走る、跳ぶなどの基本的な運動を姿勢や動きを変えるなどしていろいろな方法で行う。
人数	1人〜
用具	1人につきコンテナ×3つ
活動内容	コンテナの中に足を入れたり出したり、ステップする。 ①コンテナを横3つに並べ、真ん中のコンテナの中に両足を入れる。 ②左のコンテナへ移動する場合は左足から、右のコンテナへ移動する場合は右足から、コンテナに足を入れる。 　コンテナの縁（へり）に足を当てないように膝を高く上げることがポイント。 ③〈1・2・3・4・5・6・7・8〉のリズムで左右に移動する。 　〈1・2〉のリズムで真ん中から左のコンテナへ移り、次の〈3・4〉で中央のコンテナに戻る。そして〈5・6〉で右のコンテナへ移動し、〈7・8〉で再び中央のコンテナに戻る。この一連の動作を繰り返す。 ※1 コンテナの縁（へり）に足を当てないよう足元が気になるが、慣れてきたら顔を上げてやってみる。
様子	
発展した動き	★コンテナを前後や斜めに並べたりして、ステップの方向に変化をつけることができる。
留意点	コンテナに足を取られたり、つまずく等のアクシデントに留意が必要。 【視覚障害】 コンテナの代わりに段ボール箱を使用したり、気泡緩衝材（プチプチクッション）を床に置いて行うとよい。 【聴覚障害】 イラストや見本などを用いて、活動の手順やルールをしっかり把握してから始める。自らの足元だけに視線がいくが、慣れてきたら顔を上げて行うようにするとよい。 【肢体不自由】 立位が不安定な場合や車いす使用者は、コンテナの代わりに段ボール紙を床に敷いて行うとよい。

活動名 ⑥	**コンテナ島わたり**
体力要素	筋力（瞬発力）、調整力（柔軟性、平衡性）、持久力（全身）
学習指導要領での位置づけ	3段階（1） 歩く、走る、跳ぶなどの基本的な運動を姿勢や動きを変えるなどしていろいろな方法で行う。
人数	1人〜
用具	1人につきコンテナ×2つ 【準備】島となるコンテナは、2つとも逆さまに（底面を上に）して用いる。
活動内容	コンテナを島（安全地帯）に見立てて、その島の上のみに足を載せて移動する。 ①コンテナの上に、もう1つのコンテナを持って立ち上がる。 ②「よーい、ドン」の合図で、持っているコンテナを進行方向に置き、その上に移る。 ③移ったら、島（コンテナ）から落ちないように後方のコンテナを持ち上げ、①と同様に進行方向にコンテナを置いて、また移る。 ④これらを繰り返しながら前方に進んでいき、事前に決めていたスタートからゴールまでの速さを競う。
様子	
発展した動き	★コンテナを前に置くとき、なるべく遠くに置くようにする（ジャンプは禁止）。
留意点	安全面の配慮に留意すること。 【視覚障害】 コンテナの代わりに気泡緩衝材（プチプチクッション）を用いるとよい。また、補助者が横に立って伴歩し、安全を確保するとよい。ゴールで声を出して呼ぶとよい。 【聴覚障害】 イラストや見本などを用いて、活動の手順やルールをしっかり把握してから始める。自らの足元だけに視線がいくので、周囲に配慮するとよい。 【肢体不自由】 立位が不安定な場合や車いす使用者は、コンテナの代わりに段ボール紙を床に敷いて行うとよい。また、段ボール紙の前方への移動は補助者が支援するとよい。

第 2 章：体育指導に活用できる教材

活動名 ⑦	**コンテナわたり**
体力要素	持久力（全身）、筋力（瞬発力）、調整力（柔軟性、平衡性）
学習指導要領での位置づけ	3段階（2） いろいろな器械・器具・用具を使った運動、表現運動、水の中での運動などをする。
人 数	1人〜
用 具	1人につきコンテナ×2つ
活動内容	コンテナを2つ用いて、コンテナの中のみに足をつけて移動し、前に進む。 ①スタートラインにつき、ラインの前方にコンテナを1つ置き、もう1つは自分で持つ。 ②スタートの合図で、スタートラインのコンテナの内に入る。 ③次に、手に持ったコンテナを自分が入っているコンテナの前にピッタリくっつけて置く。 ④続けて、自分が入っているコンテナから自分で置いた前方のコンテナへ移動する。 ⑤そして、後方を振り返り、後ろのコンテナを手に取り、前を向き、自分が入っているコンテナの前に手に持ったコンテナを置く。この一連の動作を繰り返すことによって前方に進む。
様 子	
発展した動き	★コンテナを前方に置く際に、手前のコンテナとくっつけず、離して置く（ジャンプ禁止）。 ※コンテナの内のみ移動ができ、足が床に着いてしまったらアウト。 ★チーム戦：決まった距離のコースをリレー形式で競う。チームでバトン代わりに同じコンテナを使う。競争となると気持ちが急くので、安全面の注意をいっそう徹底する。
留意点	【視覚障害】 コンテナの高さや大きさを触れながら位置を確認できるように支援するとよい。ゴールで声を出して呼ぶとよい。 【聴覚障害】 イラストや見本などを用いて、活動の手順やルールをしっかり把握してから始める。自らの足元だけに視線がいくので、周囲に配慮するとよい。ゴールしたら合図を出して伝えるとよい。 【肢体不自由】 立位が不安定な場合や車いす使用者は、コンテナの代わりに段ボール紙を床に敷いて行うとよい。また、段ボール紙の前方への移動は補助者が支援するとよい。

❸ コンテナで導き出せる動き

活動名 ⑧	**コンテナ昇降**
体力要素	筋力（走、跳）、調整力（敏捷性、平衡性）、持久力（全身）
学習指導要領での位置づけ	3段階（1） 歩く、走る、跳ぶなどの基本的な運動を姿勢や動きを変えるなどしていろいろな方法で行う。
人 数	1人～
用 具	コンテナ×4つ 【準備】コンテナは4つとも、逆さまに（底面を上に）して用いる。
活動内容	逆さまにしたコンテナを片足ずつ昇り降りして、コースを進む。 ①空きスペースが均等になるように、一列に並べてコースをつくる。 ②コンテナの上に片足ずつ昇り、片足ずつコンテナから降りる。 ③並べられたコンテナを順に昇り降りしてコースを進む。
様 子	
発展した動き	★空のコンテナや荷物を入れたコンテナを両手で持って行うと、脚の筋力やバランス能力の難度が上がる。 ★コンテナの距離を広げて歩幅を大きくすると、難しくなる。 ★片足ずつ昇降するのではなく、コンテナに触れないように1つずつまたいで歩く。 ★片足ずつ昇降するのではなく、コンテナをジャンプして跳び越していく。片足跳び、両足跳び等、いろいろな跳び方をしても楽しめる。 　課題に合わせて適切な補助をし、安全面の配慮を徹底する。
留意点	【視覚障害】 コンテナの高さや大きさを触れながら位置を確認できるように支援するとよい。また、補助者が横に立って伴歩し、方向の指示や安全の確保をするとよい。 【聴覚障害】 イラストや見本などを用いて、活動の手順やルールをしっかり把握してから始める。 【肢体不自由】 立位の場合は、バランスを崩さないように補助者と手をつないで行うとよい。立位が不安定な場合や車いす使用者は、コンテナの代わりに段ボール紙を床に敷いて行うとよい。車いす使用者は、前進しながら両輪とも載る、右（左）の車輪だけ載る、後進で載るなど動きのバリエーションを増やしていく。

第 2 章：体育指導に活用できる教材

活動名 ⑨	力持ちになろう
体力要素	筋力（瞬発力）、調整力（柔軟性、平衡性）
学習指導要領での位置づけ	3段階（2） いろいろな器械・器具・用具を使った運動、表現運動、水の中での運動などをする。
人 数	1人〜
用 具	コンテナ×2つ 【準備】・コンテナは2つとも、逆さまに（底面を上に）して用いる。 　　　　・2つのコンテナを腰よりも少し大きめの間隔に置く。
活動内容	コンテナを用いて筋力・柔軟トレーニングを行う。 ①コンテナの間に腰を下し、両手をコンテナに置く。合図とともに肘を伸ばし、お尻を床から上げる。 ②コンテナの間に膝をつき、両手をコンテナに置いて腹臥位をとる。合図とともに肘を屈伸させ腕立て伏せをする。 ③2つのコンテナの上に片足ずつ乗せて立ち、両足を開いた状態で身体を前に倒す。手がコンテナ底面より低くなるように上体を曲げる。
様 子	
発展した動き	★コンテナの距離を変えることで負荷が変わる。距離を広くしたり、狭くして活動する。
留意点	コンテナが滑って位置がずれないよう、床面に滑り難い素材のシートを敷く。 【視覚障害】　コンテナの高さや大きさを触れてから位置を確認させるとよい。身体の動かし方が分からないときは身体に触れながら動き方を促すように支援するとよい。 【聴覚障害】　イラストや見本などを用いて、活動の手順やルールをしっかり把握してから始める。 【肢体不自由】　車いす使用者は、重りを入れたコンテナを押したり、（紐をつけて）引っ張ったりして負荷をかけるとよい。

❸ コンテナで導き出せる動き

活動名 ⑩	**コンテナ押し相撲**
体力要素	筋力（瞬発力）、持久力（全身）
学習指導要領での位置づけ	3段階（2） いろいろな器械・器具・用具を使った運動、表現運動、水の中での運動などをする。
人数	2人〜
用具	コンテナ×1つ 【準備】床にテープ等で円形の土俵をつくり、コンテナは逆さまに（底面を上に）して円の中央に置く。
活動内容	逆コンテナを左右から押し合い、押し相撲を行う。 ①直径2.5m程度の土俵の中央に底面を上にして置いたコンテナをはさんで2人で向き合う。この際、手をコンテナの上端に着けておく。 ②スタートの合図で、両者でコンテナを押し合う。 ③円から出るように、相手を押し込んだら勝ちとする。
様子	
発展した動き	★コンテナのサイズを変えることで難度が変わる。 ★円状の土俵ではなく、綱引のような直線コースを用いることで、後ろのライン（相手の陣地）に相手を押し込むことで勝敗を競う。
留意点	安全面への配慮から、ヘルメットを着用する。 【視覚障害】　コンテナの高さや大きさを触れてから位置を確認するよう支援するとよい。身体の動かし方が分からない時は、身体に触れて動きを促すよう支援するとよい。始めと終わりは声を出して伝えるとよい。 【聴覚障害】　イラストや見本などを用いて、活動の手順やルールをしっかり把握してから始める。活動の開始や終わりの合図を視覚的に支援する。 【肢体不自由】　車いす使用者は、コンテナをGボールに代えて膝の上に載せて押し合うなど工夫する。

❸ コンテナで導き出せる動き

第2章：体育指導に活用できる教材

活動名 ⑪	**バランスをとろう**
体力要素	調整力（柔軟性、平衡性）
学習指導要領での位置づけ	2段階（2） いろいろな器械・器具・用具を使った運動、表現運動、水の中での運動などに親しむ。
人数	1人〜
用具	コンテナ×1個 【準備】コンテナは逆さまに（底面を上にして）用いる。
活動内容	コンテナの上でさまざまな体勢になり、バランスをとる。 ①床に置いたコンテナの底面に乗る。 ②まず、足を揃え、両手を身体の脇におき、気を付けの姿勢をとる。これをスタートの姿勢とする。 ③スタートの姿勢から、両手を広げ、膝を曲げずに足を前に伸ばす。 ④次に、気を付けの姿勢から、手を広げ、片足を後ろに上げ、身体の線が地面と平行になるよう身体を前に倒し、飛行機の姿勢をとる。
様子	
発展した動き	★なるべく足を高く上げると、難しくなる。 ★バランスをとることに慣れたら、目を閉じてチャレンジしてみる。
留意点	コンテナが滑って位置がずれないよう、床面に滑り難い素材のシートを敷く。 【視覚障害】 コンテナの高さや大きさを触れてから位置を確認するように支援するとよい。身体の動かし方が分からないときは、身体に触れて動き方を促すように支援するとよい。 【聴覚障害】 イラストや見本などを用いて、活動の手順やルールをしっかり把握してから始める。補助者は見える位置に立ち、始めと終わりの合図を出す。 【肢体不自由】 （必要に応じて補助を受けながら）コンテナ上にバランスをとりながら立つようにするとよい。立つことが安定してきたら、手を挙げたり、腕を回したりしてみるとよい。

❸ コンテナで導き出せる動き

活動名 ⑫	# コンテナ運び
体力要素	筋力（瞬発力）、調整力（協応性）
学習指導要領での位置づけ	3段階（2） いろいろな器械・器具・用具を使った運動、表現運動、水の中での運動などをする。
人数	2人〜
用具	コンテナ×4〜10個
活動内容	積み上げられたコンテナを運び、別の場所に積み上げる。 ①部屋の隅にコンテナを4つ（安全に持つことができる高さで）積み上げる。 ②コンテナを1つずつ持ち、部屋の反対側に運び積み上げる。 ③1人ずつ行い、運び積み上げるまでのタイムを競ったり、2人でどちらが速く積み上げられるかを競う。
様子	
発展した動き	★チーム戦： ①参加者は一列に並ぶ。 ②部屋の片方の端に積み上げられたコンテナを1つずつ持ち上げ、隣の人に手渡し、反対側の端まで早くコンテナを移動させ積み上げることを競う。 ③チームでタイムを競ったり、複数のチームでどちらが速く運べるか競う。 ※コンテナの中に物を入れて重量を増すと、難しくなる。
留意点	【視覚障害】 音声で情報を補ったり、補助者と一緒に行うようにする。 【聴覚障害】 イラストや見本などを用いて、活動の手順やルールをしっかり把握してから始める。始めと終わりの合図を確認してからスタートする。 【肢体不自由】 車いす使用者は、コンテナを押して運ぶとよい。なお、コンテナを下ろしたり積み上げたりすることが難しい場合は、補助者がサポートするように支援するとよい。

❸ コンテナで導き出せる動き

活動名 ⑬	**コンテナストラックアウト**
体力要素	筋力（投）、調整力（巧緻性）
学習指導要領での位置づけ	3段階（2） いろいろな器械・器具・用具を使った運動、表現運動、水の中での運動などをする。
人数	2人～
用具	コンテナ×1～9つ、新聞紙 【準備】・コンテナの上面に新聞紙をセロハンテープで止め、的をつくる。 ・新聞紙を丸めて、新聞紙ボールをつくる。
活動内容	コンテナを用いて、ストラックアウトを行う。 ①コンテナから離れて新聞紙ボールを投げ、新聞紙を破る。 ②新聞紙を破り、コンテナに多くのボールを投げ入れた人の勝ちとする。
様子	
発展した動き	★複数のコンテナを列べ、新聞紙を破った数を競う。 ★縦3つ×横3つにコンテナを並べ、縦横斜め一列に新聞紙を破ることを目標にすると楽しめる。
留意点	【視覚障害】 コンテナの後ろに人を立たせ、投げる人に方向を知らせるために声をかけて支援するとよい。また、投げるたびに結果を伝える。 【聴覚障害】 イラストや見本などを用いて、活動の手順やルールをしっかり把握してから始める。 【肢体不自由】 新聞紙ボールの代わりに投げやすい素材（紅白玉）をボールとして用いてもよい。また、投げて届くような距離にコンテナを置くとよい。

活動名 ⑭	**コンテナスローイン**
体力要素	筋力（投）、調整力（巧緻性）
学習指導要領での位置づけ	3段階（2） いろいろな器械・器具・用具を使った運動、表現運動、水の中での運動などをする。
人数	2人〜（2人1組、2チーム以上で行うとよい）
用具	コンテナ×1〜4つ、ボール（お玉、スーパーボール、ピンポン球）
活動内容	コンテナを受け手に見立てて、スローインをしたり投げ入れられたボールをキャッチしたりする。 ①2人1組でチームをつくる。 ②投球地点と、ゴール地点を決める。 ③ゴールには組み立てたコンテナを置いておく、あるいはチームメイトがコンテナを持って立たせたりする。 ④投球地点よりコンテナをめがけてボールを投げる。多様な素材のボールを用いることができるが、スーパーボールやピンポン球の場合は、必ず床にワンバウンドさせてからコンテナに入れるように投げる。 ⑤制限時間内、または決まった投球回数で多く入ったチームの勝ちとする。
様子	
発展した動き	★いくつか距離の異なる投球地点を設定し、投げた場所によって得点に差がつくようにすると楽しめる。 ★投球地点はひとつにし、大きさや位置（投球地点からの距離）の異なるコンテナをたくさん配置し、得点に差が付くようにすると楽しめる。
留意点	キャッチする人は、つまずくなどのアクシデントが生じないよう安全面で十分配慮する。 【視覚障害】 コンテナの後ろに人を立たせ、投げる人に方向を知らせるために声をかけて支援するとよい。また、投げるたびに結果を伝える。 【聴覚障害】 イラストや見本などを用いて、活動の手順やルールをしっかり把握してから始める。 【肢体不自由】 お玉、スーパーボール、ピンポン球の代わりに投げやすい素材（ビーンバッグ）を用いてもよい。また、投げて届くように2人の距離を調整するとよい。

❸ コンテナで導き出せる動き

活動名 ①	**ペットボトルビンゴゲーム**
体力要素	調整力（巧緻性）
学習指導要領 での位置づけ	簡単なスポーツ 2段階（2） いろいろな器械・器具・用具を使った運動、表現運動、水の中での運動などに親しむ。
人数	2人～
用具	ペットボトル（500ml）×9本、ビンゴ用紙（縦3×横3の9マスに「1」から「9」までの数字を選択して個々が作成）、ボール 【準備】・安定して立つように、水を1／5ほど入れたペットボトルの底に、「1」から「9」までの数字を書いた紙を貼る。 ・サッカーボール（バレーボール、バスケットボールでも可）と、ビンゴ用紙を人数分用意する。 ・ペットボトルはランダムに横一列に20cm間隔で並べ、離れた位置に投球ラインを引く。
活動内容	ペットボトルを用いたピンを倒してビンゴゲームを行う。 ①投球ラインからペットボトルを狙い、ボールを1回ずつ順番にころがす。 ②倒れたペットボトルの底に貼ってある数字を読み上げ（複数でも可）、ビンゴ用紙の数字に印をつけていく。一番早くビンゴ（印のついた数字が一列に並ぶ）になった人の勝ちとする。
様子	
発展した動き	★ペットボトルの数を増やすと楽しめる。 ★ペットボトルまでの距離を離すと、難しくなる。 ★ボールの代わりにペットボトル等の円柱状の容器を用いると、まっすぐころがすことが難しくなり、「狙ってころがす」楽しさが増す。
留意点	【視覚障害】 ペットボトルの横に人を立たせたり、ボールをころがす方向が理解できるように具体的に方向を伝えるといった支援する。ペットボトルに鈴を入れて音が鳴るようにする。 【聴覚障害】 イラストなどを利用して、活動の手順やルールをしっかり把握してから始める。 【肢体不自由】 投球者の実態に合わせて、ペットボトルまでの距離を工夫するとよい。また、転がすことが難しい場合は、足で蹴ったりスロープを使ってボールをころがしてもよい。

活動名 ②	**ペットボトルころがし**
体力要素	調整力（敏捷性、巧緻性）
学習指導要領での位置づけ	簡単なスポーツ 2段階（2）　いろいろな器械・器具・用具を使った運動、表現運動、水の中での運動などに親しむ。
人数	2人〜
用具	ペットボトル（500 ml）×4本、新聞紙を円筒状に丸めた棒（新聞棒）×4本 【準備】・新聞紙を8枚ほど重ねて広げ、端から丸めて筒状の棒（新聞棒）を作る。
活動内容	ペットボトルを新聞棒を用いてころがし、コースを進む。 ①2チームに分かれて、スタート地点に並ぶ。 ②スタートの合図で新聞棒を使ってペットボトルをころがしながら目標に向かい、折り返してスタート地点に戻る。 ③速く戻った人の勝ちとする。 ※ペットボトルの真ん中に新聞棒をあてないと、まっすぐにころがすことができない。ずれると、外に回ったり、内側に回ったりするなど、慣れない間は操作が多少難しいが、速く技術を習得することができ、楽しめる。
様子	
発展した動き	★チーム戦：前の走者がスタート地点に戻ったら、次の走者が新聞棒をバトンにして引き継ぎ、リレー形式で競争する。 ★ころがすペットボトルの数を増やすと、難しくなる。 ★両手に新聞棒を持ち、ペットボトルをはさんで、持ち運びレースにすることもできる。
留意点	【視覚障害】　ペットボトルに鈴を入れて、ペットボトルの位置が確認できるよう支援するとよい。補助者と一緒に活動するとよい。 【聴覚障害】　イラストなどを利用して、活動の手順やルールをしっかり把握してから始めるとよい。スタートとゴールの合図を確認してから始めるとよい。 【肢体不自由】　ペットボトルの両サイドを切って、短めのペットボトルにすると転がしやすくなる。

❹ ペットボトルで導き出せる動き

活動名 ③	**ペットボトルジャベリックスロー**
体力要素	筋力（投）
学習指導要領での位置づけ	陸上競技 3段階（1）　歩く、走る、跳ぶなどの基本的な運動を姿勢や動きを変えるなどしていろいろな方法で行う。
人数	1人〜
用具	大きめのペットボトル（1.5リットル）、ジャベリックスロー用のやり※、トラロープ ※ジャベリックスローは、2008年から全国障害者スポーツ大会の正式種目に指定された安全な用具によるやり投げ。やりは長さ約70cm、重さ約300g、本体素材はポリエチレン製。先端の素材は柔らかいゴム製が多い。主にアメリカ合衆国で製造されており、国内2社のスポーツメーカーが輸入販売している。
活動内容	ペットボトルを用いて投動作を習得するためのやり投げを行う。 ①体育館のバスケットボールのリングにトラロープの一端を結び固定し、もう一端は補助者が引っ張り、ロープが斜めになるように張る。 ②ペットボトルの底面中央に穴を開けてトラロープを通し、さらにペットボトルにジャベリックスロー用のやりをガムテープで取り付ける。 ③やりの部分を持ち、斜めに張られたトラロープに沿って投げ上げる。 ※この運動は、投動作のフォームの習得と投げ上げの角度を覚えるために有効な練習である。
様子	
発展した動き	★ジャベリックスロー用のやりとトラロープを2セット用意し、それぞれ体育館のバスケットゴールに取り付ける。笛の合図で2人が同時に投げて、どちらが先にトラロープの端までやりが着くかを競争する。 ★トラロープの角度を上げることで、難しくなる。
留意点	【視覚障害】　投げたやりが進んでいることが理解できるようにペットボトルに音源をつけて支援する。 【聴覚障害】　イラストなどを利用して、投げるフォームや注意点を具体的に把握してから始める。 【肢体不自由】　トラロープの角度を下げて少しの力でもやりが前に進むように支援する。

活動名 ④	**ペットボトルクーゲルバーン**
体力要素	調整力（敏捷性、巧緻性）
学習指導要領での位置づけ	簡単なスポーツ 1段階（3） 簡単な合図や指示に従って、楽しく運動をする。 2段階（3） 簡単なきまりを守り、友達とともに安全に運動をする。
人数	1人〜
用具	ペットボトル（500 ml）×4本、大きなペットボトル×（1.5 リットル）1本、ビー玉、吊るす紐、受け皿
活動内容	ペットボトルを用いてクーゲルバーン*を作り、落ちてくるビー玉をキャッチする。 ①ペットボトルでクーベルバーンをつくる。 　ペットボトルの下部の壁面へ穴を開け、別のペットボトルをねじ込む。穴は丸くなくてもよい。ペットボトルをつなげてビー玉が通るレールを作る。ビー玉の出口は一番下のペットボトルの口の部分になる。最初の入り口を大きなペットボトル（1.5 リットル）にすると、ビー玉が入れやすくなる。 ＊クーゲルバーンとは、小さなボールやミニカーなどをレール状のコースの上に置き、それを転がり落ちながら、コースの端で進行方向に反転させながらコースを進んでいく玩具（あるいは、仕掛け）のこと。日本ではトボガンという名称で、英語ではスイッチバック（Switchback）という。クーゲルバーン（Kugelbahn）とは、ドイツ語での名称であり、「玉の道」という意味。 ②紐で「ペットボトルクーゲルバーン」を吊るし、入り口からビー玉を投げ入れる。 ③カタカタと音を立てながら落ちていくビー玉の動きを追いかけ、出口から落ちるビー玉を受け皿でキャッチする。
様子	
発展した動き	★紐で吊るしたペットボトルクーゲルバーンを回転させて難度を上げるとより楽しめる。 　入り口が目の前に来た時にビー玉を入れ、回転したクーゲルバーンから出てくるビー玉を上手にキャッチする。 ★ビー玉を複数入れたり、クーゲルバーンを回転する速度を上げるとゲーム性が増す。 ★チーム戦：クーゲルバーンを2つ用意する。投げ入れ役と受け取り役でチームを分かれて対戦すると参加度が高まる。
留意点	【視覚障害】 形状を手で触ったりビー玉の動きを感じることができるように支援するとよい。 【聴覚障害】 イラストなどを利用して、活動の手順やルールをしっかり把握してから始めるとよい。 【肢体不自由】 ビー玉の転がる速度が速い場合は、ピンポン玉などに交換し、転がる速度が緩やかになるように配慮するとよい。

活動名 ⑤	**ペットボトルジャグリング**
体力要素	調整力（平衡性）、持久力（筋）
学習指導要領 での位置づけ	簡単なスポーツ 1段階（2） いろいろな器械・器具・用具を使った遊び、表現遊び、水遊びなどを楽しく行う。
人 数	1人〜
用 具	ペットボトル（500 ml）×2本
活動内容	空のペットボトルを回転させながら投げ上げて、キャッチする。回転するペットボトルの動きに合わせてタイミングよくキャッチする必要がある。 ①初めは、ペットボトルを1本使用して片手で投げ上げ、両手でキャッチする。 ②慣れてきたら次第に、片手で投げ上げ、片手でキャッチする。 ③②とは反対側の手を使ってみる。 ④最終的には、左右の手に1本ずつのペットボトルを持ち、ジャグリングのように連続して行う。 ⑤目と手の協応動作や巧緻性が求められる。
様 子	
発展した動き	★2人で向かい合い、1本ずつ空のペットボトルを持ち、タイミングを合わせて同時に相手に投げて、相手から投げられたペットボトルをキャッチするとよりモチベーションが高まる。 ★2人で向かい合い、1本ずつ空のペットボトルを持ち、同時に相手に投げて、相手から投げられたペットボトルをキャッチする。このキャッチしてから投げるタイミングを徐々に速くすると難度が上がる。
留意点	【視覚障害】 ペットボトルによく触れて、大きさや形状、重さをしっかりと理解できるように支援する。補助者が横に位置し、安全管理をする。 【聴覚障害】 周りの人との距離を十分に空け、安全に活動ができるように支援する。 【肢体不自由】 車いす使用者と2人で向かい合って行う場合は、目線が合うようにペアを組む人が椅子に座って行うとよい。

活動名 ⑥	# ペットボトルトーチⅠ
体力要素	調整力（平衡性、巧緻性）
学習指導要領での位置づけ	体つくり運動 2段階（1） 歩く、走る、跳ぶなどの基本的な運動に慣れる。
人数	1人〜
用具	大きなペットボトル（1.5リットル）の底を切り取ったもの、風船、 ボール各種（テニスボール、ピンポン玉） 【準備】ペットボトルの底を切り取り、切り口をビニールテープで縁どりする。
活動内容	ペットボトルを用いたトーチで小さな（中くらいの）ボールをキャッチする。 ①ペットボトルを逆さまにして手で持ち、投げ上げた風船をペットボトルでキャッチしてトーチのように掲げる。 ②風船に慣れてきたら、次はテニスボールやピンポン玉に挑戦する。風船とは異なり、落下速度が速いので、何度も練習をしてみる。 ③ボールを使用した際は、ノーバウンドでキャッチするのが難しければ、バウンドしたボールをキャッチする。ボールの動きに合わせて膝を使い、身体を沈み込ませるようにすると上手にキャッチできる。 ④投げたボールをキャッチすることが難しい場合は、傾斜をつけた卓球台やテーブル上でボールをころがして行うとよい。
様子	
発展した動き	★ピンポン玉を投げ上げて、バウンドした後にペットボトルでキャッチする。 　最初は1個だけで行い、徐々に一度に投げるピンポン玉の数を増やす。複数のピンポン玉で行うときは、どの順番でキャッチするか、判断能力と素早い動きが求められる。 ★ペットボトルの大きさを小さくしたり、ボールをより大きなバレーボールやバスケットボールにしたりすると、難しくなる。
留意点	【視覚障害】　ペットボトルの大きさや、ボールの硬さ・反発力等を事前に理解できるように支援をしてから活動を始める。サウンドテーブルテニス用のボール（卓球と同じ大きさで中に鉄球が入って音が鳴る）を使用するとよい。 【聴覚障害】　事前に見本を示し、良い動きと悪い動きを理解できるように支援する。 【肢体不自由】　初めは補助者と2人組になってキャッチをすることから練習し、徐々に1人で投げてキャッチできるように段階的に支援する。

❹ ペットボトルで導き出せる動き

第2章：体育指導に活用できる教材

活動名 ⑦	ペットボトルトーチⅡ
体力要素	調整力（平衡性、巧緻性）
学習指導要領 での位置づけ	体つくり運動 2段階（1）　歩く、走る、跳ぶなどの基本的な運動に慣れる。
人数	1人〜
用具	大きなペットボトル（1.5リットル）の底を切り取ったもの、バスケットボール、風船（異なる大きさで各種） 【準備】ペットボトルの底を切り取り、切り口をビニールテープで縁どりする。
活動内容	ペットボトルを用いたトーチで大きなボールをキャッチする。 ①ペットボトルを逆さまにして手で持ち、バスケットボールをペットボトルの上に載せて落とさないよう掲げる。 ②スタートとゴールを設定し、ペットボトルにバスケットボールを載せたまま、コースを前向きで歩く。 ③次に、同様にして横向きで歩く。さらに、後ろ向きで歩く。 ④スタートと目標物の間にミニハードル等を置き、それらをまたぎながら進み、折り返し地点をまわって戻る。
様子	
発展した動き	★ボールの代わりに、風船を用い、ペットボトルの底でポンポン突いてコースを進む（前向き、横向き、後ろ向き）。 ★大きさや形の異なる風船を用意してバランスをとると、難しくなる。 ★チーム戦：1人1本のペットボトルを用意し、ボールや風船をつないで集団ゲームへと発展させても楽しめる。
留意点	【視覚障害】　全盲の場合、伴走者とともに活動し、声かけなどの支援をするとよい。 【聴覚障害】　イラストや見本などを掲示して、活動の手順をしっかり把握してから始める。 【肢体不自由】　立位の場合は、バランスを崩さないように補助者と手をつないで行うとよい。車いす使用者が移動しながら行う場合は、トーチを左右の手で持ち替えながら車いすを片手で交互にこぐようにして進むとよい。

4　ペットボトルで導き出せる動き

活動名 ⑧	**ペットボトルけん玉**
体力要素	調整力（平衡性、巧緻性）
学習指導要領 での位置づけ	体つくり運動 1段階（2） いろいろな器械・器具・用具を使った遊び、表現遊び、水遊びなどを楽しく行う。
人数	1人〜
用具	大きなペットボトル（1.5リットル）の上部（1／3の大きさ）×2本、割り箸、たこ糸、新聞紙、ビニールテープ 【準備】・ペットボトル2本とも、ハサミを使って下部を切り落とし、カップ（お皿）を作る。 ・両方のカップのキャップにキリ等を使って穴を空け、割り箸を差し込み連結させる。その連結部分にたこ糸を結ぶ。 ・次に、新聞紙を丸め外側にビニールテープを巻いた小さい玉に、たこ糸を貼り付け、ペットボトルけん玉をつくる。
活動内容	ペットボトルで作ったけん玉を用いて、けん玉遊びを行う。 ①けん玉同様に、たこ糸で吊した状態から玉を振り上げ、ペットボトル製のカップ（お皿）に入れる。 ②①の状態からカップに入れることに慣れたら、カップからカップに玉を入れ替える。
様子	
発展した動き	★ペットボトルを通常の大きさ（500ml）にしたり、たこ糸の長さを長くすると、難しくなる。 ★扱いに慣れたら、玉のたこ糸を外し、ペットボトルをグローブ代わりにしてキャッチボールをする。
留意点	【視覚障害】 ペットボトルけん玉やボール、たこ糸等に事前に触れ、大きさや形状のイメージをもてるよう支援するとよい。ボールは音源となるものを内蔵する。 【聴覚障害】 イラストや見本などを掲示して、活動の手順をしっかり把握してから始める。特に、活動中に周囲の人とぶつからないように、事前に注意事項を明確に伝える。 【肢体不自由】 車いす使用者は、新聞紙の玉を振り上げたときに車いすにたこ糸が引っかからないように長さを調整したり、玉を振る方向に配慮するように支援する。

❹ ペットボトルで導き出せる動き

第2章:体育指導に活用できる教材

活動名 ⑨	**ペットボトル野球**
体力要素	調整力(巧緻性)、筋力(瞬発力)
学習指導要領 での位置づけ	体つくり運動 2段階(3) 簡単なきまりを守り、友達とともに安全に運動をする。 3段階(3) いろいろなきまりを守り、友達と協力して安全に運動をする。
人 数	2人〜
用 具	大きなペットボトル(1.5リットル)×2本、ペットボトル(500ml)×2本、リベットバトン(リレーバトン)、ソフトテニスボール 【準備】・ペットボトルでバッティング用のティー(台)とバットを作る。 ・まず、バッティングティーは、大きなペットボトルを一番下に、その上に底を切ったペットボトルを2本つなげて長くする。一番上にくるペットボトルは注ぎ口を切る。この注ぎ口を切った部分に、ソフトテニスボールを載せてティーとして使う。 ・次に、市販のリレーバトンまたは塩ビのパイプを適当な長さに切って大きなペットボトルに取り付けて、バットを作る。
活動内容	ペットボトルでバッティングティーとバットを作り、野球を行う。 ①まず、バットを片手で持ち、ティーに載せたボールを打つ。その際、ティーの位置が低ければ、ペットボトルを重ねていくことでティーの高さを調節することができる。 ②打つことが上達したら、野球のようにグリップを両手で握ってボールを打つようにする。 ※ペットボトルの切り口にビニールテープを巻くと、重なりやすく、安定感も増す。
様 子	
発展した動き	★右に打ったり、左に打ったりと、打球の方向を指示すると難度が上がる。 ★チーム戦:ペットボトルで作成したティーとバットで野球をする。
留意点	【視覚障害】 ティーやバットに事前に触れ、位置や高さ、形状のイメージをもてるよう支援する。また、ボールではなく、風船など大きなものをティーに載せたり、ブラインドテニス用ボールなどの音の出るボールを使用してもよい。 【聴覚障害】 イラストや見本などを掲示して、活動の手順をしっかり把握してから始める。特にバットで周囲の人に怪我をさせないように、バットを振るときは右手を上げてからとするなど、事前に約束事を決めてから活動を始める。 【肢体不自由】 バットを振りやすい高さになるように、ティーの高さを調整するよう配慮する。

4 ペットボトルで導き出せる動き

活動名 ⑩	**ペットボトルバトン**
体力要素	調整力（平衡性、巧緻性）
学習指導要領での位置づけ	体つくり運動 2段階（1） 歩く、走る、跳ぶなどの基本的な運動に慣れる。
人数	1人〜
用具	大きなペットボトル（1.5リットル）×1本、ペットボトル（500ml）×1本、リペットバトン（リレーバトン）、風船 【準備】・リレーバトンの両端に、大きなペットボトルと小さなペットボトルをつなげる。 ・自作する場合、塩化ビニールのパイプを家庭用のドライヤーでよく温め、パイプが温まった状態でペットボトルを押し込み、冷えて両者が外れなくなったら完成である。なお、製作する際、火傷には十分に注意する。
活動内容	ペットボトルで作ったバトンを用いて、風船をつきながらコースを進む。 ①大小どちらかのペットボトルを持ち手にし、バットやラケットの要領で風船をポンポンつく。 ②ポンポン突いた風船を落とさないように、スタートラインから目標物を回って戻る。
様子	
発展した動き	★チーム戦：各人がペットボトルバトンを持ち、風船をバトン代わりにレースをするとモチベーションが上がる。 ★つなげるペットボトルの大きさや扱うボールの種類によって、難しくなる。 ★ラケットを用いて、バトミントンや野球、ゴルフに似たスポーツを行うことができる。
留意点	【視覚障害】 風船の位置が分かるように、風船の中に小さな鈴を入れて支援するとよい。補助者と一緒に活動するとよい。 【聴覚障害】 風船を意識しすぎると周りの状況を見失い、怪我や事故を引き起こす可能性がある。イラストなどを利用して、活動の手順や環境、ルールをしっかり把握してから始める。 【肢体不自由】 風船をつきながらの移動が難しい場合、何回連続で風船をつけるのかを競うなど、活動する者の障害に合わせたゲームをつくる。

❹ ペットボトルで導き出せる動き

第 2 章：体育指導に活用できる教材

活動名 ⑪	**ペットボトルバランスとり**
体力要素	調整力（平衡性）
学習指導要領での位置づけ	体つくり運動 2段階（2） いろいろな器械・器具・用具を使った運動、表現運動、水の中での運動などに親しむ。
人数	1人〜
用具	大きなペットボトル（2リットル程度）×1本
活動内容	逆さまにしたペットボトルを手のひらに載せてバランスをとる。 ①空のペットボトルを手のひらに逆さまに立て、倒れないようにバランスをとる。 ②ペットボトルを手のひらから落とさず、立っていた時間を競う。 ③慣れたら、スタートとゴールを決めて、手のひらに載せたペットボトルを倒さないように歩く。
様子	
発展した動き	★ペットボトルの先に新聞棒などを取り付けたり、ペットボトルに水を入れたりして不安定にすることで難しくなる。 ★バランスをとりながら、平均台の上など、不安定なところを歩くことで難しくなる。 ★ペットボトル2本に増やし、両手でバランスをとる。 ★チーム戦：バランスをとりながら歩き、ペットボトルをバトン代わりにして、リレー形式で競う。
留意点	周りに物が置かれていないか環境を整備するなどの配慮をする。 【視覚障害】 ペットボトルの大きさが分かるように、事前に触って理解するように支援する。補助者と一緒に活動するとよい。 【聴覚障害】 トレーニングタイマーなどを利用して活動する者が経過時間を意識できるように配慮するとよい。 【肢体不自由】 立位が不安定な場合は椅子に座って行ってもよい。

4 ペットボトルで導き出せる動き

活動名 ⑫	**ペットボトルクロス引き**
体力要素	調整力（巧緻性）、筋力（瞬発力）
学習指導要領での位置づけ	体つくり運動 1段階（2） いろいろな器械・器具・用具を使った遊び、表現遊び、水遊びなどを楽しく行う。
人数	1人〜
用具	ペットボトル（500ml）×10本、新聞紙×1枚（あるいは新聞紙大の布）
活動内容	水を半分ほど入れたペットボトルをテーブルに並べ、そのテーブルのクロス（新聞紙）を引く。 ①テーブルの上に新聞紙（布）を広げる。 ②ペットボトル3本にそれぞれに水を半分程度入れ、互いにぶつからないように30cmほどの間隔を空け、三角形に新聞紙（布）の上に並べる。 ③新聞（布）を手前に思い切り引っ張り、ペットボトルを倒さずに引き抜くことができたら、成功となる。 ※コツは、新聞紙を勢いよくテーブルと平行させて引き抜くこと。
様子	
発展した動き	★ペットボトルの本数を増やしたり、ペットボトルに入れる水の量を少なく（1/4ほど）すると難しくなる。 ★ボウリングのようなルールにして挑戦する。 　1) ペットボトルを10本用意して、それぞれ水を半分まで入れる。 　2) ボウリングのピンと同じように並べる。 　3) 新聞紙を引き抜いて、すべてのペットボトルが倒れず立っていたら、ストライクとする。 ★チーム戦：2つのテーブルを用意し、それぞれにペットボトルを10本並べ、同時に新聞紙を引き抜く。倒れなかった本数を数え、次の人は残った本数分のペットボトルを並べて、新聞紙を引き抜く。これを繰り返し行い、先に10本すべてのペットボトルが倒れてしまったチームを負けとする。
留意点	【視覚障害】 ペットボトルや新聞紙（布）の位置や引き抜く方向等が分かるように、事前に触って理解させる。また、ルールを理解できるように補助者が具体的に伝える。ペットボトルがぶつからないように補助者が横に立つ。 【聴覚障害】 活動を始める際のスタート合図をしっかり把握してから始める。 【肢体不自由】 難度を下げるため、新聞紙の大きさを半分にし、新聞紙が引き抜けるように配慮するとよい。

4 ペットボトルで導き出せる動き

活動名 ⑬	**ペットボトル筋力トレ**
体力要素	筋力（筋）
学習指導要領での位置づけ	基本の運動 3段階（2） いろいろな器械・器具・用具を使った運動、表現運動、水の中での運動などをする。
人 数	1人〜
用 具	ペットボトル（500ml）×2本、ペットボトルバトン、絵の具 【準備】空のペットボトルに絵の具で着色した水を入れる。
活動内容	水を入れたペットボトルを左右に持って、筋力トレーニングを行う。 【立位の姿勢で行う活動】 ①両肘を同時に曲げて、ペットボトルを肩の高さまで持ち上げて元に戻す。 ②両肘を交互に曲げて、ペットボトルを肩の高さまで持ち上げて元に戻す。 ③両腕を左右に開き、肩の高さまで持ち上げて元に戻す。さらに肩の高さで5秒間静止し、元に戻す。 【仰向けに寝転んだ姿勢で行う活動】 ①左右にペットボトルを持ち、床にマットを敷いて仰向けの状態で寝転がる。両膝は軽く曲げて安定させる。 ②腕を真上に伸ばして構え、両肘を深く曲げて上腕部分が床と平行になるぐらいまで下ろす。 ③再び、元の姿勢に戻す。 ④腕を真上に伸ばして構え、両腕を頭の方へ床と水平になるまで下す。 ⑤再び元の姿勢に戻す。 ※ペットボトルを用いて、いろいろな運動を考えてみよう！
様 子	
発展した動き	★ペットボトルの中身を砂に変え重くすると、負荷が増す。 ★ペットボトルの大きさを大きくすると（500mlから1.5リットルにすると）、負荷が増す。
留意点	【視覚障害】 ペットボトルの持ち方を一緒に確認したり、正しい姿勢が理解できるように介助者がしっかりと支えながら動きを具体的に伝えるなど支援する。 【聴覚障害】 イラストや見本をしっかり提示して、活動の手順をしっかり把握してから始める。 【肢体不自由】 座った状態で【立位の姿勢】①〜③の運動を行うことができる。

活動名 ⑭	**ふわふわ金魚**
体力要素	筋力（瞬発力）、持久力（筋）
学習指導要領での位置づけ	体つくり運動 1段階（2） いろいろな器械・器具・用具を使った遊び、表現遊び、水遊びなどを楽しく行う。
人数	1人〜
用具	ペットボトル（500ml）、金魚のタレ入れ（食品用の醤油注し。魚型でなくてもよい）、小さな釘、砂 【準備】・金魚のタレ入れに、小さな釘や砂、水などの重りを適量（水に入れた際に、水面で浮くか沈むかくらい）入れる。 ・これをペットボトルの中に入れ、ペットボトルの中に水を一杯に入れる。
活動内容	ペットボトルの内圧が変わり、中の金魚のタレ入れが上下するように、ペットボトルを握ったり放したりする。 ①ペットボトルを"ぎゅっ"と握ったり放したりすると、ペットボトルの中の金魚が動く。 ②金魚はゆっくりと動くので、握るという運動をじっくりと観察することができる。 ③強く握って底まで沈めたり、力を緩めて浮かしたり、あるいは途中で止めたりといったように、金魚の動きを楽しみながら自然に握力をつけることができる。
様子	
発展した動き	★水の中の浮きを2個や3個に増やすと、すべてを動かすためより大きな握力が必要になる。 ★金魚のタレ入れに入れる重りの重さを変えることで、浮き沈みの早さを変えることができるのでモチベーションが高まる（軽いものほど、力を強く入れないと沈まないので、自然に握力を引き出すことができる）。 ★ペットボトルの大きさをより大きなものにして握らせると手を大きく開く運動にもなる。
留意点	【視覚障害】 大きい−小さい、硬い−軟らかい等の多様なペットボトルを用意して握る楽しさを味わう。全盲の場合、補助者が金魚の動きを口頭で伝えるとよい。 【聴覚障害】 イラストや見本をしっかり提示して、活動の手順をしっかり把握してから始める。 【肢体不自由】 椅子に座り安定した姿勢で行うとよい。

ディスク近投

活動名 ①	**ディスク近投**
体力要素	筋力（投）、調整力（巧緻性、協応性）
学習指導要領での位置づけ	2段階（2）いろいろな器械・器具・用具を使った運動、表現運動、水の中での運動などに親しむ。
人数	1人〜（集団でも可）
用具	フライングディスク
活動内容	フライングディスクをできるだけ正確に投げる。 【投げ方のポイント】 「投げる時、動く肘の軌跡は地面に水平」「リリースポイントは体幹からなるべく遠い位置」「リリースした時の指先は目標に向ける」という3点がポイント。 初心者は、壁から30cmほど離れて壁に正対し、壁にディスクが触れないように肘の軌跡が壁と平行に描くように注意すると、ディスクをまっすぐ投げることができる。その時に、リリースポイントが目標からずれないように、ビート板等で指先の停止位置を示すと動きを身につけやすい。
様子	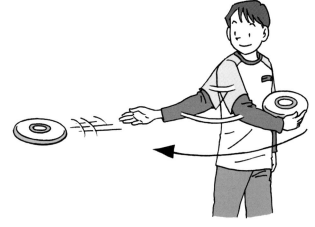
発展した動き	★ディスクを遠くに投げることに慣れたら、2人1組で5mほどの距離で正対し、1枚のディスクを投げ合う。 ★さらに慣れたら互いにディスクを1枚持ち、相手に向かって同時に投げ合うと、正確性を高めることができる。
留意点	【視覚障害】音を発するウレタン製のディスク（ディスクに発音体をガムテープで貼る）を使う。目標で手ばたきをするなど音を出すとよい。 【聴覚障害】投げ方次第でいろいろな方向に飛んでいくので、見本を示して事前の注意を徹底する。 【肢体不自由】腕の力が弱い人には重量の軽いウレタン製のディスクを用いる。立位が不安定な場合は椅子に座って行ってもよい。また、補助者はディスクを拾ったり手渡したり支援する。

活動名 ②	**ディスク的あて**
体力要素	調整力（巧緻性、協応性）
学習指導要領での位置づけ	2段階（2） いろいろな器械・器具・用具を使った運動、表現運動、水の中での運動などに親しむ。
人数	1人〜（集団でも可）
用具	フライングディスク、的（ペットボトル、缶）、ライン 【準備】立ち位置を決め、ラインを引く。
活動内容	フライングディスクを用いて、的あてを行う。 ①ラインの上に足を置き、フライングディスクを用いてそこからペットボトルや缶を用いた的を狙って投げる。 ②倒れた的の数を得点化し競う。
様子	
発展した動き	★的の大きさを大・中・小と変えたり、ペットボトルに少量の水を入れて安定させたりすると、難しくなる。 ★的までの距離を長くすることで、難しくなる。 ★的をコンテナやテーブルの上に載せると、高さの要素が加わり、3次元の的になるのでさらに難度が上がる。 ★チーム戦：チーム対抗で倒した的の数や種類（難度に応じて得点化しておくとよい）で競う。また、2つの場（2箇所の的）を用意し、ボウリングのピンの代わりにペットボトルを置き、ボウリングのように楽しむことができる。
留意点	【視覚障害】 的に音を発する物体（電子オルゴール）を装着したり、それに衝撃が加わると音を発す機器を取り付ける支援をしたり、結果やディスクの行き先を伝えると、モチベーションをより高めることができる。 【聴覚障害】 イラストや見本を示して活動の手順やルール、動線等をしっかり把握してから始める。 【肢体不自由】 腕の力が弱い人には重量の軽いウレタン製のディスクを用いる。立位が不安定な場合は椅子に座って行ってもよい。また、補助者はディスクを拾ったり手渡したり支援する。

❺ ディスクで導き出せる動き

活動名 ③	**ディスク輪通し**
体力要素	筋力（投）、調整力（巧緻性、協応性）
学習指導要領での位置づけ	2段階（2）　いろいろな器械・器具・用具を使った運動、表現運動、水の中での運動などに親しむ。
人数	1人～（集団でも可）
用具	フライングディスク、フラフープ大、中、小、ライン 【準備】立ち位置を決め、ラインを引く。立ち位置から数メートルの地点にフラフープを吊す。
活動内容	フライングディスクを投げて、前方に吊されたフラフープの中を通す。 ①ラインの上に足を置き、立ち位置から吊したフラフープをめがけてフライングディスクを投げ、フラフープの中を通す。 ②フラフープの中を通すことができた回数を競う。 ※フラフープを固定するために、陸上競技の走高跳の器具（スタンドとバー）を用いると、的の高低を自在に変更できるので便利。全国障害者スポーツ大会では、5m、7m先の地面に立てた絵（輪）の的にディスクを通過させる「アキュラシー」という競技があり、この練習にも役立つ。なお、市販の塩ビ（塩化ビニール樹脂またはポリ塩化ビニール）や金属製のパイプを用いると、フラフープを固定するスタンドを安価につくることができる。
様子	
発展した動き	★的までの距離や的（フラフープ）の大きさを変えることによって、難しくなる。
留意点	【視覚障害】　フラフープに発信器を付けたり、的側で補助者が拍手をしたり発信器を鳴らすことで、的の位置を伝えるように支援するとよい。また、フラフープに鈴をつけたスズランテープをすだれ状に垂らすと、ディスクが通過したことが理解できてよい。結果等を伝えると、モチベーションを高めることができる。 【聴覚障害】　イラストや見本を示して活動の手順やルール、動線をしっかり把握してから始める。 【肢体不自由】　腕の力が弱い人には重量の軽いウレタン製のディスクを用いる。立位が不安定な場合は椅子に座って行ってもよい。また、補助者はディスクを拾ったり手渡したり支援する。

活動名 ④	**ディスクゴルフ**
体力要素	筋力（投）、調整力（巧緻性、協応性）
学習指導要領での位置づけ	2段階 (2) いろいろな器械・器具・用具を使った運動、表現運動、水の中での運動などに親しむ。
人数	1人～（集団でも可）
用具	フライングディスク、段ボールの箱、コンテナ、漁網、ポリバケツ、ライン 【準備】・コンテナ（ボックス）や漁網、ポリバケツ等の的となるものを椅子にしばりつけて固定したホール（ゴルフでは「カップ」と言う）を数個設定する。 ・ホールには、それぞれにスタート位置を決める。
活動内容	体育館等の屋内スペースで、ディスクを用いてゴルフを行う。 ①スタート位置からゴルフのホールに見立てたコンテナや漁網をめがけてフライングディスクを投げ、コンテナ（漁網）に投げ入れるまでの投数をカウントする。 ②各コースでは、1投目で落下し止まった位置から2投目を投げ、基本的には3投でホールに投げ入れるようコースを設定する。3投でホールに入れることができれば「パー」。4投では「ボギー」、2投では「バーディー」となり、最終的にすべてのホールに要した投数の総合計をとり、もっとも少ない人を勝ちとする。 ※運動場でホール間の距離を長く取ると活動量は増す。また、上手な人にはハンディキャップをつける、あるいは2人1組で交互に投げるルールにすると力が平均化してより楽しめる。
様子	
発展した動き	★校庭等の広いスペースで行うと、ホール間の距離をとれ、移動距離が増えるため、ダイナミックな活動となる。ただし、屋外は風の影響を受けるため、風の強い日は屋内で行う方がよい。また、屋内で活動する際は、フライングディスクを、ミニディスクあるいはウレタン製のものを用いるとぶつかっても安全である。 ★チーム戦：1チーム2～3人で、各チーム1枚のフライングディスクを用いる。チーム内で順番に投げてホールをめざすと、モチベーションが高まり、楽しめる。 ★規模の大きな公園では、金属製のゴールを置き、ディスクゴルフのホールを備えているところもある。総合的な学習の時間と体育を併せた授業を設け、公的に設定されたコースに挑戦すると楽しさも増す。
留意点	【視覚障害】 ホールに音源をつけたり声をかけ、位置を把握するよう支援したり、結果やディスクの行き先を伝えると、モチベーションを高めることができる。 【聴覚障害】 コース内移動を伴う活動のため、イラストや見本を示して活動の手順や動線をしっかり把握してから始める。 【肢体不自由】 腕の力が弱い人には重量の軽いウレタン製のディスクを用いる。立位が不安定な場合は椅子に座って行ってもよい。また、補助者はディスクを拾ったり手渡したり支援する。

5 ディスクで導き出せる動き

活動名 ⑤	**ディスク的いれ**
体力要素	調整力（巧緻性、協応性）
学習指導要領での位置づけ	2段階（2） いろいろな器械・器具・用具を使った運動、表現運動、水の中での運動などに親しむ。
人数	1人〜（集団でも可）
用具	フライングディスク、箱、あるいはロープ、ライン 【準備】・立ち位置を決め、ラインを引く。ラインから離れた位置に的とする箱を設置する。 ・さまざまな大きさの箱を用意し、大きな箱は得点を低く、小さな箱は得点を高くする。また、ラインから近い的は得点を低く、遠い的は得点を高くする。なお、箱にはそれぞれの得点が分かるよう点数を記したプレートをガムテープで貼る。
活動内容	フライングディスクを用いた的いれを行う。 ①ラインから、的とする箱をめがけてフライングディスクを投げていれる。 ②5回フライングディスクを投げて、箱に入った合計得点が多い人を勝ちとする。 　教室等の屋内で行う際は、安全性を考えてミニディスクを用いる。また、箱ではなく、平面にロープで囲ったエリアを的にして楽しむこともできる。
様子	
発展した動き	★チーム戦：2人1組で、各チーム8枚のフライングディスクを持ち、チームごとの総得点で競う。組の得点で競うことで、協調性を養うこともできる。
留意点	【視覚障害】 音源を用いて箱の位置を把握するよう支援したり、結果やディスクの行き先を伝えると、モチベーションを高めることができる。 【聴覚障害】 イラストや見本を示して活動の手順や動線をしっかり把握してから始める。 【肢体不自由】 腕の力が弱い人には重量の軽いウレタン製のディスクを用いる。立位が不安定な場合は椅子に座って行ってもよい。また、補助者はディスクを拾ったり手渡したり支援する。

活動名 ⑥	**ディスクキャッチ**
体力要素	筋力（投）、調整力（巧緻性、協応性）
学習指導要領での位置づけ	身体つくり運動
人 数	複数で。1チーム6〜10人。
用 具	フライングディスク、漁網、ライン
活動内容	投げられたフライングディスクを受け手が漁網を用いてキャッチする。 ①各チーム1名のキャッチャー（受け手）を選出し、キャッチャーはラインから5m前方に引かれたラインの上に片足を置く。残りはスローワー（投げ手となる）。 ②スローワー（投げ手）は、ディスクを2枚ずつ持ち、順番にキャッチャーめがけて投げる。 ③キャッチャーは、決めた足をラインから離すことなく、もう一方の足はピボットフットで動きながら、投げられたディスクを漁網でキャッチする。 ④投げ手が一巡したら、キャッチャーを交代する。 ⑤フライングディスクを地面に落下させず、数多くキャッチできたチームの勝ちとする。
様 子	
発展した動き	★人数が少ない場合は、同じスローワー（投げ手）が3m程度離れたそれぞれのキャッチャーに交互にディスクを投げて行う。 ★スタートラインからキャッチャーまでの距離を長くすると、キャッチャーめがけて正確に投げることが難しいので、キャッチャーの足がラインから多少離れてキャッチしてもよいことにする。
留意点	【視覚障害】 的の位置を把握するため、キャッチャーが大声で指示を出し支援をする。ディスクをキャッチできたか等、結果を伝えるとよい。 【聴覚障害】 イラストや見本を示して活動の手順やルールをしっかり把握してから始める。また、複数のチームが同時に活動する際は、キャッチャー同士の追突等に注意する。 【肢体不自由】 投げられる距離に合わせてキャッチャーの位置を手前に変えるなど支援する。腕の力が弱い人には重量の軽いウレタン製のディスクを用いる。立位が不安定な場合は椅子に座って行ってもよい。また、補助者はディスクを拾ったり手渡したり支援する。

活動名 ⑦	**ディスクボッチャ**
体力要素	調整力（巧緻性、協応性）
学習指導要領での位置づけ	2段階（2） いろいろな器械・器具・用具を使った運動、表現運動、水の中での運動などに親しむ。
人数	2チームに分かれ、各チーム6人
用具	ディスク（各チーム1人2枚ずつ同色のディスクを保持。チームで色を決める）、コーン×4つ　複数の色のディスクが無い場合は、カラーテープを目印として貼る。 【準備】・正方形または長方形になるようにコーンを設置し、コーンとコーンの間に紙テープを巻いて、エリアを作る。 ・フライングディスクを用いて、相手のディスクをエリアから押し出す活動をするため、活動は体育館か舗装された地面で行うのが適当である。
活動内容	フライングディスクを用いてボッチャを行う。 ①エリアめがけて、相手と交互にフライングディスクを投げる。チーム全員が投げ終わった時点でエリアの内側に自軍のディスクを多くとどめていられたチームが勝ち。 ②なお、エリアに入っている相手チームのフライングディスクを自チームの投げたフライングディスクで押し出してもよい。 ③相手チームのフライングディスクをエリアから押し出し、自チームのディスクがエリアにとどまる（残る）ことができる投げ方を考えさせる。
様子	
発展した動き	★4人1組でチームを作り、上記のエリア内にペットボトルを10本立て、1人2枚ずつのフライングディスクを持ち、チームが順番に投げてエリア内から外へペットボトルをすべて出す。少ない人数で、すべてのボトルをエリア外に出したチームを勝ちとする（視覚障害のある人へは、音を発するボトルを用いるなどの支援をする。さらに難度を上げるには、広めのエリアに5〜6本のペットボトルを立て、うち1本には色紙を巻いて他と区別できるようにする。色紙を巻いたペットボトルを倒さずに、他のペットボトルを倒させる。
留意点	【視覚障害】　フライングディスクの位置や的の位置を手ばたきで知らせるなど、目標地点を明確にするとよい。結果等を伝えるとよい。 【聴覚障害】　投げ方次第でいろいろな方向に飛んでいくので、見本を示したり事前の注意を徹底する。 【肢体不自由】　腕の力が弱い人には重量の軽いウレタン製のディスクを用いる。立位が不安定な場合は椅子に座って行ってもよい。また、補助者はディスクを拾ったり手渡したり支援する。

活動名 ⑧	**ディスクシュート**
体力要素	調整力（巧緻性、協応性）
学習指導要領での位置づけ	2段階（2）　いろいろな器械・器具・用具を使った運動、表現運動、水の中での運動などに親しむ。
人 数	1人〜（集団でも可）
用 具	ミニディスク、広めのテーブル 【準備】・テーブルの短い方の縁の中央部に、箱を用いてゴールを作る。 　　　　・ゴールを設置した側とは反対側に椅子を置き、活動者は腰掛ける。
活動内容	ミニディスクをテーブル上を滑らせ、テーブルの縁に設置したゴールに入れる。 ①活動者に2枚ずつディスクを配る。ディスクを1枚机上に置き、指で滑らせゴールを狙う。 ②ゴールに入ったミニディスクの数を競う。
様 子	
発展した動き	★チーム戦：1チーム3〜4人で2チームをつくる。机を半分に仕切り、自陣とする。チームの各々が1枚の同色のミニディスクを持ち、机上の自陣の好きな位置に置く。チームが交互に自分のディスクを動かし、相手陣にあるゴールにディスクを入れることを目指す。身近にある相手のディスクを机から落としてもよいし、ゴールを狙ってディスクを入れてもよい。どちらか一方のチームの動かすディスクが無くなった時点で試合終了。その時点で、ゴールに入れたディスクの数と机上にあるディスクの数の合計数の多い方を勝ちとする。
留意点	【視覚障害】　ゴールの位置が理解できるように音源を設ける。選手の後ろで補助者が声を出して相手のディスクの位置を指示する。 【聴覚障害】　イラストなどを利用して、活動の手順やルールをしっかり把握してから始める。補助者は見えやすい位置に立ち、始めと終わりの合図を確認してスタートする。 【肢体不自由】　補助者はディスクを拾ったり手渡したり支援する。

第2章：体育指導に活用できる教材

活動名 ⑨	**ドッヂビー**
体力要素	筋力（投）、調整力（巧緻性、協応性）
学習指導要領での位置づけ	2段階（2） いろいろな器械・器具・用具を使った運動、表現運動、水の中での運動などに親しむ。
人 数	1人〜（集団でも可）。ただし競技者は同時に複数の参加が必要。
用 具	ウレタン製フライングディスク、コーン、ロープ。
活動内容	フライングディスクを用いて、ドッジボールを行う。 ①2チームに分かれ、コーンとロープで仕切られた正方形エリアの内に片方のチーム全員が入る。相手チームは、エリアの各辺の外側（エリア外）に位置し、その人たちはエリア内にいる人をめがけてフライングディスクを投げつける。 ②エリアの内側の人は、コーンとロープで囲まれたエリアから出ないようにして、ディスクを避けるか、キャッチする。 ③エリア内の人がディスクをキャッチしたら、エリア外に投げ返し、再びエリア外の人はエリア内の人にぶつけるべく投げる。エリア外の人は連携すると当てやすい。 ④規定時間で活動を終わらせ、エリア内に残っている人数を数える。または最後まで残った競技者がチャンピオンになる。 ⑤エリア内のチームとエリア外のチームが交代し、規定時間で活動を終える。エリア内に残っていた人数が多い方を勝ちとする。
様 子	
発展した動き	★コーンとロープで仕切られたエリアを三角形にして行うと、難しくなる。 ★フライングディスクを2枚にすると、注意を向ける方向が多くなり、難しくなる。
留意点	【視覚障害】 音を発するウレタン製ディスクを使い、フライングディスクの位置を理解できるように支援する。味方との衝突を避けるために、補助者と一緒に活動するとよい。 【聴覚障害】 イラストなどを利用して、活動の手順やルールをしっかり把握してから始める。また、エリア内では複数の人が同時に動き回るため、追突等に注意する。補助者は皆から見える位置に立ち、始めと終わりの合図を確認してスタートする。 【肢体不自由】 車いす使用者がエリア内にいる場合は、他の参加者とぶつからないように補助者と一緒に行う。

5 ディスクで導き出せる動き

活動名 ⑩	**ディスクリレー**
体力要素	筋力（投、走）、調整力（巧緻性、協応性）
学習指導要領での位置づけ	2段階（2） いろいろな器械・器具・用具を使った運動、表現運動、水の中での運動などに親しむ。
人数	複数で。1チーム5人構成で4チームが適当。
用具	フライングディスク、コーン、マーカー 【準備】・30mほどの長さのレーン（レーン幅は6mほど）を数本設置する。 ・各コースのスタートラインとエンドラインの上にコーンを置き、各レーン上には6mごとに印を描く。
活動内容	フライングディスクをバトン代わりにして、リレーを行う。 ①スタートラインのコーンの前に第一走者が立ち。他の人は各レーン6m間隔でレーン中央に描かれた印の上に1人ずつ立つ。 ②スタートの合図で、スタートラインにいた第一走者が6m先で待つ人に向かって走り、印の上にいる人にディスクを手渡す（リレーする）。離れた位置から印の上で待つ人に向かってフライングディスクを投げて渡しても、直接手渡しでもよい。 ③受け取る人は、コースに描かれた印から足を離してはいけない。印の上にいる人がフライングディスクをキャッチできない場合は、投げた人が落下地点まで行って拾い、再び、印の上にいる人に向かって投げる。または走って手渡すなりしてリレーする。 ④次の人も同様にして次の印の上にいる人にフライングディスクをリレーし、最後の人はエンドライン上のコーンにフライングディスクを投げて当てることでゴールとなる。 ⑤エンドライン上のコーンにフライングディスクを早く当てたチームの勝ちとする。
様子	
発展した動き	★活動に慣れたら、印と印の距離を長くすると、難しくなる。
留意点	【視覚障害】 伴走する補助者とともに活動し、ディスクのキャッチは補助者が行う。 【聴覚障害】 イラストなどを利用して、活動の手順やルールをしっかり把握してから始める。また、複数の人が同時に動き回るため、隣接したコースの人と追突等しないように注意する。 【肢体不自由】 ディスクを拾うことが難しい人もいるので、補助者をつける。

活動名 ⑪	**ディスク遠投**
体力要素	筋力（投）、調整力（巧緻性、協応性）
学習指導要領での位置づけ	2段階（2） いろいろな器械・器具・用具を使った運動、表現運動、水の中での運動などに親しむ。
人数	1人〜（集団でも可）
用具	フライングディスク
活動内容	フライングディスクをできるだけ遠くに投げる。 【遠くに投げるポイント】 「投げる肘の軌跡は地面に水平」「リリースポイントは体幹からなるべく遠い位置」「リリースした時の指先は目標に向ける」「腕の振りを速く」という4点がポイント。 より遠くに飛ばすためには、構えてから指先を離れるまでの距離が長く、腕の動きのスピードが速いことが求められる。なお、ディスクに回転与えることを意識しすぎると、遠くまで飛ばすことができない。回転は揚力の働きに過ぎないので、回転よりも腕、手首の動きに留意することが大切といえる。
様子	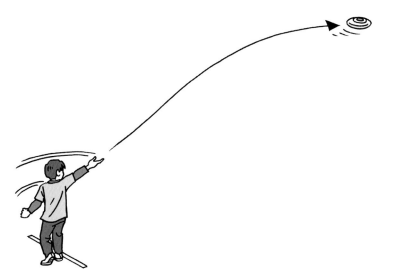
発展した動き	★いろいろな種類のディスクを遠投する。
留意点	【視覚障害】 音を発するウレタン製のディスクを使い支援をする。投げた距離（記録）を伝える。 【聴覚障害】 投げ方次第でいろいろな方向に飛んでいくので、見本を示して事前の注意を徹底する。 【肢体不自由】 腕の力が弱い人には重量の軽いウレタン製のディスクを用いる。立位が不安定な場合は椅子に座って行ってもよい。また、補助者はディスクを拾ったり手渡したり支援する。

活動名 ⑫	**ディスクころがし**
体力要素	調整力（巧緻性、協応性）
学習指導要領での位置づけ	2段階（2）　いろいろな器械・器具・用具を使った運動、表現運動、水の中での運動などに親しむ。
人　数	1人～（集団でも可）
用　具	フライングディスク×2枚、園芸用の支柱棒 【準備】2枚のディスクを用意し、その頂上同士を（上部のもっとも膨らんだ辺り）をガムテープで貼り合わせる。
活動内容	2枚貼り合わせたフライングディスクを棒を用いてころがし、コースを進む。 ①2枚を貼り合わせたフライングディスクを、園芸用の支柱棒でころがしてコースを進む。 ②レーン内にコーンでジグザグコース設け、コーンにぶつからないように貼り合わせたフライングディスクをころがし、もっとも速いタイムでゴールした人を勝ちとする。
様　子	
発展した動き	★カーブの複数あるトラック状のコースで行うと、より操作技術が求められ、難しくなる。 ★チーム戦：同一のコースで、リレー形式で競うとより楽しめる。
留意点	【視覚障害】　直線路のコースを用い、ゴールラインに置いた音源までディスクを運ぶようにする。他の人とぶつからないよう注意をする。 【聴覚障害】　イラストなどを利用して、活動の手順やルールをしっかり把握してから始める。ころがすことに集中しすぎて周囲に目がいかなくなることが多くなるため、追突等に注意する。 【肢体不自由】　ころがすことが難しい場合は倒れたディスクを床の上を滑らせて運んでもよい。

第 2 章：体育指導に活用できる教材

活動名 ⑬	# ディスクストラックアウト
体力要素	筋力（投）、調整力（巧緻性、協応性）
学習指導要領での位置づけ	2段階（2） いろいろな器械・器具・用具を使った運動、表現運動、水の中での運動などに親しむ。
人 数	1人～（集団でも可）
用 具	フライングディスク、ストラックアウト、ライン 【準備】・陸上競技の走高跳用の器具（バーとスタンド）を用意し紙テープの折り目（山形部分）をバーに掛け、下記の板を洗濯ばさみ等でとめる。 ・的（40cm四方の段ボール板）に番号を記し、洗濯ばさみ等で上記紙テープの端に的をとめる。
活動内容	フライングディスクを用いたストラックアウトを行う。 ①立ち位置のラインに足を置き、ディスクを投げて、的を落とす。 ②的の高さは、スローワー（投げ手）の身長に合わせて、紙テープの長さを調整し、上下させる。
様 子	
発展した動き	★いろいろな大きさのフライングディスクを用いて的を狙ってみる。 ★的の大きさに変化をつけてみる。
留意点	【視覚障害】 的に音源を設置したり、音を発するウレタン製のディスクを使う支援をする。 【聴覚障害】 投げ方次第でいろいろな方向に飛んでいくので、見本を示して事前の注意を徹底する。 【肢体不自由】 腕の力が弱い人には重量の軽いウレタン製のディスクを用いる。立位が不安定な場合は椅子に座って行ってもよい。また、補助者はディスクを拾ったり手渡したり支援する。

活動名 ⑭	**ディスクパス&キャッチ**
体力要素	筋力(投、走)、調整力(巧緻性、協応性)
学習指導要領での位置づけ	2段階(2) いろいろな器械・器具・用具を使った運動、表現運動、水の中での運動などに親しむ。
人数	2人
用具	フライングディスク
活動内容	フライングディスクを用いてパス&キャッチ(パス&ゴー)を行う。 ①2人の間隔を2mほど取り、その間隔を保ちながら、フライングディスクのパス交換をしながら走る。 ②相手の移動距離を考えながら、進行方向に投げる感覚をつかむ。 ③慣れたら2人の距離を少し開き、3m、5mと間隔を広げて行う。
様子	
発展した動き	★1辺が5mの正三角形の各頂点の位置にフラフープを置き、床上の各フープに1人入る。各人が時計回りで今まで入っていたフープから次のフープにディスクを投げながら移動する。移動しながら正確に投げる技術が求められる。
留意点	【視覚障害】 伴走する補助者とともに活動し、キャッチは補助者が行う。 【聴覚障害】 2人の間隔を一定に保つために、進行方向にラインを引いたり、小さいコーンを並べたりするとよい。 【肢体不自由】 腕の力の弱い人や車いす使用者は、重量の軽いウレタン製のフライングディスクを用い、両者の間隔を狭くする。

第2章：体育指導に活用できる教材

活動名 ①	**Gボールで筋トレ**
体力要素	持久力（全身、筋）
学習指導要領での位置づけ	1段階（2）　いろいろな器械・器具・用具を使った遊び、表現遊び、水遊びなどを楽しく行う。 2段階（2）　いろいろな器械・器具・用具を使った運動、表現運動、水の中での運動などに親しむ。 3段階（2）　いろいろな器械・器具・用具を使った運動、表現運動、水の中での運動などをする。
人数	1～2人
用具	Gボール
活動内容	Gボールを用いて筋力トレーニングを行う。 【上肢と体幹の筋力トレーニング】 ①腕を伸ばしてGボールを胸の前まで持ち上げる。 ②さらに、顔面の高さまで高く持ち上げる。また、胸の高さで持ったまま身体を捻る。 【下肢の筋力トレーニング】 ①Gボールに腰掛けて（膝が90度くらいになる大きさのボールを使用）、音楽のリズムに合わせて腰を上下させる。 ②腰を上げたときもボールから腰が離れないように行う。 【体幹のトレーニング】 ①仰向けに寝て両手を体の横に広げ、足をGボールに載せる、降ろすを繰り返して行う（腹筋のトレーニング）。 ②さらに、両足をGボールに載せ、腰を浮かせて体をまっすぐにする。そして、腰を繰り返し上下させたり、決められた時間、腰を浮かせたままにする（腹筋、背筋など体幹のトレーニング）。
様子	
発展した動き	★ふたりで協力したり、競い合ったりしてトレーニングするとより楽しめる。 ・向かい合った相手と胸の前や高く持ち上げたボールを渡し合う。 ・背中合わせに立ち、身体を捻って相手にボールを渡す。 ・相手の前で一度バウンドさせて渡す。 ・1つのボールにふたりで腰掛けて、一緒に腰を上下させる。 ・仰向けに寝て、1つのボールにふたりで足を載せて腰を浮かせる。
留意点	【視覚障害】　転倒等の安全管理のため、補助者が見守る。 【聴覚障害】　イラストや見本を示して活動の手順やルールをしっかり把握してから始める。 【肢体不自由】　Gボールに腰掛ける運動ではバランスを崩して転倒しないように、補助者が正面から手をつないで行う。また、床に寝て足を載せる運動では補助者が足を支えながら行うなどの支援する。

活動名 ②	**コーンバーでバランスとり**
体力要素	調整力（平衡性、協応性）
学習指導要領での位置づけ	1段階（2） いろいろな器械・器具・用具を使った遊び、表現遊び、水遊びなどを楽しく行う。 2段階（2） いろいろな器械・器具・用具を使った運動、表現運動、水の中での運動などに親しむ。 3段階（2） いろいろな器械・器具・用具を使った運動、表現運動、水の中での運動などをする。
人数	1人〜（複数でも可）
用具	コーンバー
活動内容	コーンバーを身体のいろいろな部位に載せてバランスをとる。 ①立位で、コーンバーを片手の手掌や手の甲に載せたり、肘や肩の上に載せてバランスをとる。 ②上を向いて、コーンバーを鼻の上やおでこの上、頭頂部に載せてバランスをとる。 ③片足立ちのまま、コーンバーを膝の上や足首に載せてバランスをとる。
様子	
発展した動き	★身体のいろいろな部位にコーンバーを載せてバランスをとりながら、歩いたり、走ったり、回転したりするなどの運動を加えると難しくなる。 ★複数で行う際は、他の人とぶつからないように注意する。バランス能力とともに、周りを確認しながら動く注意力が必要なため、さらに難しくなる。 ★チーム戦：2チームに分かれて、コーンバーを落としたら次の人に渡していくリレーを行うのも楽しめる。バランスを取りながら歩いてリレーを行うと、さらにゲーム性が高まる。
留意点	【視覚障害】 バランスを崩してコーンバーを落とさないように補助者が声で支援するとよい。 【聴覚障害】 イラストや見本を示して活動の手順やルールをしっかり把握してから始める。始めと終わりの合図を確認してスタートする。 【肢体不自由】 車いす使用者は、上半身のいろいろな部位でコーンバーのバランスをとる。立位の場合は、バランスを崩して転倒しないように注意する。

活動名 ③	**シーツでボールキャッチ**
体力要素	調整力（平衡性、巧緻性、協応性）
学習指導要領 での位置づけ	1段階（2）　いろいろな器械・器具・用具を使った遊び、表現遊び、水遊びなどを楽しく行う。 2段階（2）　いろいろな器械・器具・用具を使った運動、表現運動、水の中での運動などに親しむ。 3段階（2）　いろいろな器械・器具・用具を使った運動、表現運動、水の中での運動などをする。
人数	2〜5人くらい
用具	シーツ、バスタオル、テニスボール、紅白玉、風船、段ボール箱など
活動内容	シーツを広げて、ボールなどを載せたりする。 【シーツで受け取る】 ①2人でバスタオルやシーツを広げて持つ。 ②仲間が投げたボールを広げたシーツで受け取る。 ③徐々に距離を離して行う。 【キャッチングゲーム】 ①ボールを投げる人からシーツを広げて持つ2人は5mほど離れ、投げられたボール（テニスボールや紅白玉）をキャッチする。 ②玉いれのように時間を決めて2チームでどちらが多くボールをタオルでキャッチできるかを競う。 ④投げる人、キャッチする人の距離を離すと、より難しくなる。 【2つのペアでキャッチボール】 ①4人でペアを2組つくる。ペアで向かい合ってシーツを広げて持つ。 ②ペアの1組が広げたタオルにボールを載せ、ペアでタイミングを合わせシーツを持ち上げて残りのペアめがけてボールを飛ばす。 ③他のペアは、飛んできたボールを広げたシーツで受け取る。 【運ぶ運動】 ①2人でバスタオルやシーツを広げて持つ。 ②広げたシーツに風船、ボール、段ボール箱などを載せて、2人で協力して運ぶ。 ③人数を増やして2チームに分かれて、リレーを行う。
様子	
発展した動き	★シーツの代わりに園芸用のネットなど大きなものを使用すると、参加する人数を増やして楽しむことができる。 ★【運ぶ運動】で重たいものを載せると、握力や上肢の筋力を高める運動を行うことができる。
留意点	【視覚障害】　シーツでボールの重さを意識させて投げ上げる。補助者が状況を伝えながら活動を行う。 【聴覚障害】　イラストや見本を示して活動の手順やルールをしっかり把握してから始める。 【肢体不自由】　シーツの持ち方やボールの重さや大きさは障害に応じて決める。

活動名 ④	**タオルでキャッチ**
体力要素	調整力（協応性、平衡性）
学習指導要領での位置づけ	1段階（2） いろいろな器械・器具・用具を使った遊び、表現遊び、水遊びなどを楽しく行う。 2段階（2） いろいろな器械・器具・用具を使った運動、表現運動、水の中での運動などに親しむ。 3段階（2） いろいろな器械・器具・用具を使った運動、表現運動、水の中での運動などをする。
人数	1～4人くらい
用具	フェイスタオル、バスタオル、椅子
活動内容	投げられたタオルを身体のいろいろな部位でキャッチする。 【キャッチボール】 ①自分の頭上に投げ上げて、落ちてくるタオルをキャッチする。 ②2人以上で仲間とキャッチボールを行う。 ③2人の距離を徐々に離して行う。 【足のキャッチボール】 ①2人が向かい合って椅子に座り、1人が足の甲に乗せたタオルを仲間に向かって蹴る。 ②仲間は跳んでくるタオルを両足でキャッチしたり、足の甲でキャッチする。 ③上達したら2人の間隔を広げて行う。 【身体のいろいろな部位でタオルを受け止める】 ①自分でタオルを投げ上げ、落ちてくるタオルにタイミングを合わせて身体のいろいろな部分（下掲の例）を使って落とさないように受け止める。 ②2人が1mくらいの距離で向かい合って立ち、1人がタオルを投げ上げ受け止める部位を指示し、もう1人が落ちてくるタオルをタイミングよく指示された身体のいろいろな部分（下掲の例）を使って落とさないように受け止める。 （例）おでこでヘディングのように載せる／肩に載せる／肘に載せる（腕を軽く伸ばし肘周辺で）／手の甲に載せる／膝に載せる（片足立ちで片膝を90度くらい曲げて）／足の甲に載せる（サッカーのリフティングのように）／背中に載せる
様子	
発展した動き	★いろいろな投げ方（アンダー、サイド、オーバーハンドスローなど）で投げると楽しめる。 ★タオルの片端に結び目を作り、しばっていない部分を持って遠心力を感じながら遠くに投げる。 ★バスタオルの片端に結び目を作り、しばっていない部分を持ってハンマー投げの要領で身体を回転させながら投げる。
留意点	【視覚障害】結び目の遠心力を感じながら投げることができるよう、片端をしばったタオルを用いる。タオルにビニールテープ（スズランテープ等）を貼りつけて音が出るようにする。 【聴覚障害】イラストや見本を示して活動の手順やルールをしっかり把握してから始める。投げるタイミング（手を挙げる等）を確認してから始める。 【肢体不自由】しばっていないヒラヒラした部分を多くすると、捕りやすいボールになる。

活動名 ⑤	**トラロープでスロー&キャッチ**
体力要素	調整力（協応性）
学習指導要領での位置づけ	1段階（2） いろいろな器械・器具・用具を使った遊び、表現遊び、水遊びなどを楽しく行う。 2段階（2） いろいろな器械・器具・用具を使った運動、表現運動、水の中での運動などに親しむ。 3段階（2） いろいろな器械・器具・用具を使った運動、表現運動、水の中での運動などをする。
人　数	2～4人くらい
用　具	トラロープ、バケツ、コンテナ、ペットボトル、段ボール箱 【準備】トラロープを1mほどの長さに切り、両端をしばって輪を作る。
活動内容	トラロープで作った輪を用いて、投げたり捕ったりする。 【キャッチボール】 ①壁に向かっていろいろな投げ方（オーバーハンドスロー、アンダーハンドスロー、サイドハンドスローなど）で投げる。 ②2人組になり、1人が投げたトラロープの輪をもう1人が手でキャッチする。 ③手でキャッチすることに慣れたら、キャッチする人は腕や足、頭を輪に入れてキャッチするなど、身体のいろいろな部位を使ってキャッチする。 【輪投げ】 ①床にバケツやコンテナ、段ボール箱などさまざまな大きさや形状のものを的として置き、輪を投げ入れる。 ②床に並べたペットボトルで輪投げゲームを行う。
様　子	
発展した動き	★輪を左右の手で持ち、2つ同時に投げたり、2つの輪を同時にキャッチするなど、複数の輪を用いることによって、難しくなる。 ★床にペットボトルを並べて、ボウリングのように行っても楽しめる。
留意点	【視覚障害】音源を用いたりして、的の位置を把握するよう支援する。「1・2・3」など声を出して投げるタイミングを伝えるとよい。 【聴覚障害】イラストや見本を示して活動の手順やルールをしっかり把握してから始めるとよい。投げるタイミング（手を挙げる等）を確認してから始める。 【肢体不自由】床に落ちた輪を拾うことが難しい人もいるので、補助者が手渡すなど支援をする。

活動名 ⑥	**トラロープでいろいろ歩き**
体力要素	調整力（協応性）
学習指導要領での位置づけ	1段階（2） 指導者と一緒に、楽しく手足を動かしたり、歩く、走るなどの基本的な運動をしたりする。 2段階（2） 歩く、走る、跳ぶなどの基本的な運動に慣れる。 3段階（2） 歩く、走る、跳ぶなどの基本的な運動を姿勢や動きを変えるなどしていろいろな方法で行う。
人数	1人から複数
用具	トラロープ
活動内容	床に置いたトラロープの上を踏んだり、またいだりして歩く。 【トラロープを1本用いて】 ①床に伸ばして置いたトラロープに沿って歩く。 ②床に伸ばして置いたトラロープを踏みながら歩く。 ③床に伸ばして置いたトラロープを踏まないで、またいで歩く。 ④床に伸ばして置いたトラロープを踏まないで、足をクロスしてまたいで歩く。 【トラロープを2本用いて】 ①床に並べて伸ばして置いたトラロープを左は左足で、右は右足でロープを踏みながら歩く。 ②床に並べて伸ばして置いたトラロープを（足を大きく開いて）またいで歩く。
様子	
発展した動き	★トラロープは床にまっすぐに置いたり、曲線や円を描くように置いたりと多様にコース設定ができるので、難度の調整ができる。 ★トラロープを2本並べて置く時は、間隔を広くしたり狭くしたりして足の幅を変えたりや膝や腰を落として歩くように変化をつけて歩くようにできる。
留意点	【視覚障害】 足の裏でロープを踏む感覚をしっかり感じながら歩く。 【聴覚障害】 イラストや見本を示して活動の手順やルールをしっかり把握してから始める。 【肢体不自由】 立位が不安定な場合は、補助者を付けて転倒しないようにバランスに注意しながら歩く。

第 2 章：体育指導に活用できる教材

活動名 ⑦	**ブルーシートでいろいろジャンプ**
体力要素	筋力（瞬発力）、調整力（敏捷性）
学習指導要領での位置づけ	1段階（2） 教師と一緒に、楽しく手足を動かしたり、歩く、走るなどの基本的な運動をしたりする。 2段階（2） 歩く、走る、跳ぶなどの基本的な運動に慣れる。 3段階（2） 歩く、走る、跳ぶなどの基本的な運動を姿勢や動きを変えるなどしていろいろな方法で行う。
人数	1人～複数
用具	ブルーシート、テープ 【準備】・【一列に並んだブルーシートをジャンプ】では、ブルーシートを一辺が50cm～1mほどの幅で切り、テープを用いて床に一定の間隔でずれないように留める。 ・【市松模様に並んだブルーシートをジャンプ】では、1辺50cmのブルーシートを並べて、正方形に縦3マス、横3マス、市松模様状に区切る。
活動内容	ブルーシートを島（安全地帯）に見立てて、その島の上のみに足を載せて移動する。 【一列に並んだブルーシートをジャンプ】（下図） ①ブルーシートの上をジャンプで移動する。 ②片足ジャンプから始め、慣れたら両足ジャンプに挑戦する。 ③リズムよく、連続してジャンプする。 【市松模様に並んだブルーシートをジャンプ】 ①ブルーシートの上をジャンプで移動する。 ②片足ジャンプから始め、慣れたら両足ジャンプに挑戦する。 ③次は、ブルーシートのない枠の部分をジャンプで移動する（片足ジャンプ、両足ジャンプで同様に）。 ④リズムよく、連続してジャンプする。
様子	
発展した動き	★ゆっくり確実な単独ジャンプから、スピードや方向転換のある連続したジャンプへ、バリエーションを広げていく。 ★市松模様のシートを用い、「前」「後」「左」「右」、さらに指導者が指定した「ブルーシート」か「枠」かにジャンプで移動する。ゲーム性が高まり、面白い。
留意点	【視覚障害】 足の裏でシートや床を踏む感覚をしっかり感じながら歩くように移動する。 【聴覚障害】 イラストや見本を示して活動の手順やルールをしっかり把握してから始める。 【肢体不自由】 立位が不安定な場合は、補助者を付けて転倒しないようにバランスに注意しながら歩くように移動するとよい。

活動名 ⑧	**雨どいでボールバランス**
体力要素	調整力（平衡性、巧緻性、協応性）
学習指導要領 での位置づけ	1段階（2） いろいろな器械・器具・用具を使った遊び、表現遊び、水遊びなどを楽しく行う。 2段階（2） いろいろな器械・器具・用具を使った運動、表現運動、水の中での運動などに親しむ。 3段階（2） いろいろな器械・器具・用具を使った運動、表現運動、水の中での運動などをする。
人数	1～4人くらい
用具	雨どい、ピンポン球、ソフトボール、サッカーボール、バスケットボールなどのボール 【準備】スタートラインを決め、そこから離れた床に的として、ペットボトルやコンテナなどを置く。
活動内容	雨どいにボールを載せて的あてをしたり、載せたままバランスとりをしたりする。 【雨どいを使ってボールをころがす】 ①床に置いた的に雨どいがまっすぐ向くようにセットし、片端を床に付け、もう片端を手に持つ（セットする際は、方向を意識しながら取り組む）。 ②手に持った雨どいの片端にボールを載せ、ころがして的にあてる。 【雨どいに乗せたボールを落とさないようにバランスをとる】 ①1.5m～2mほどの長さに切った雨どいを両手で持ち、雨どいの凹みにボールを載せる。 ②雨どいを左右に傾けながら、ボールの動きが徐々に大きくなるように左右にボールを動かす。 ③ボールが雨どいから落ちないようにバランスをとる。
様子	
発展した動き	★複数名で並び、雨どいを用いてボールを落とさないように仲間と受け渡していくと、ゲーム性が増しモチベーションが高まる。 ★バランスの運動では、大きさや重さの異なるボールを用いることで、ころがるスピードや方向転換に必要な力加減が変わり、運動の変化を楽しむことができる。 ★ボウリングやボッチャなどのゲームの際に、的に向かってボールをころがす運動を行うことが難しい場合には、この活動のように雨どいを補助具として使用することができる。
留意点	【視覚障害】バランスの運動では、ボールの動きに合わせて雨どいにかかる重さの変化を意識しながら行う。バランスをとることが難しい場合、雨どいの両端にテープを貼るなどボールが落ちないような支援をし、ボールを左右の端から端までころがすような運動を行う。的の方向を的の後ろに立って声掛けする。ただし、修正はできるだけせずに、自己選択をさせる。 【聴覚障害】イラストや見本を示して活動の手順やルールをしっかり把握してから始める。 【肢体不自由】バランスをとることが難しい場合、雨どいの両端にテープを貼るなどボールが落ちないような支援をし、ボールを左右の端から端までころがすような運動を行う。

第 2 章：体育指導に活用できる教材

活動名 ⑨	紅白玉でストラックアウト＆バランス
体力要素	調整力（協応性、平衡性）
学習指導要領 での位置づけ	1段階（2） いろいろな器械・器具・用具を使った遊び、表現遊び、水遊びなどを楽しく行う。 2段階（2） いろいろな器械・器具・用具を使った運動、表現運動、水の中での運動などに親しむ。 3段階（2） いろいろな器械・器具・用具を使った運動、表現運動、水の中での運動などをする。
人数	1人～複数
用具	紅白玉（ビーンバックでも可）、フラフープ、コンテナ、ペットボトル
活動内容	紅白玉を投げたり、的に当てたり、体に載せてバランスをとったりする。 【投げる（強さ）】 ①紅白玉を持ち、できるだけ遠くに投げる。 ②次に、できるだけ高く投げ上げる。 【的にいれる、的にあてる（正確性）】 ①床に置いたフラフープやコンテナ、机や台の上など高いところに置いた箱などを的にして、目標に向かって紅白玉を投げいれる。 ②次に、床に立てたペットボトルを的にして、あてて倒すことができるように投げる。 【バランスを保つ】 ①頭や肩の上などに紅白玉を載せて、落とさないように歩く。 ②背筋をピンと伸ばして、よい姿勢を保って歩くと、バランスが上手にとれ、長く歩くことができる。
様子	
発展した動き	★チーム戦：ボウリングの要領で、床に複数のペットボトルを並べ、紅白玉を投げて倒したペットボトルの数を競う。ボッチャの要領で、得点を書いた紙を床に複数配置し、紅白玉を投げて紙の上に載った得点の合計を競う。ストラックアウトの要領で、区切られたマスを床に置き、紅白玉を投げてマスに入った数を競う。
留意点	【視覚障害】 音源を用いて、的の位置を把握するよう支援する。 【聴覚障害】 イラストや見本を示して活動の手順やルールをしっかり把握してから始める。補助者は見えやすい位置に立ち、始めや終わりの合図を確認してから始める。 【肢体不自由】 障害に応じて大きさや重さの異なる紅白玉を数種類用意し、投げやすいものを選ぶ。紅白玉の持ち方は障害に応じて決める。全体を握ったり端をつまむなど投げやすい持ち方を工夫する。上肢に障害のある場合は、足の指ではさんだり足の甲に載せたりして蹴飛ばしてもよい。

活動名 ⑩	**ポリエチレン傘袋で的あて&ドッジボール**
体力要素	調整力（協応性、巧緻性、敏捷性）
学習指導要領 での位置づけ	1段階（2） いろいろな器械・器具・用具を使った遊び、表現遊び、水遊びなどを楽しく行う。 2段階（2） いろいろな器械・器具・用具を使った運動、表現運動、水の中での運動などに親しむ。 3段階（2） いろいろな器械・器具・用具を使った運動、表現運動、水の中での運動などをする。
人 数	1～4人くらい
用 具	ポリエチレン傘袋、フラフープ、コンテナなど 【準備】・ポリエチレン製傘袋に空気を入れて膨らませ、入り口を輪ゴムやテープで止める。 　　　　・袋を二重にしたり、口の部分を輪ゴムやテープで重くすると投げやすくなる。
活動内容	膨らませたポリエチレン傘袋を投げたり、的にあてたり、ドッジボールを行う。 【ポリエチレン傘袋でスロー&キャッチ】 　①入り口の部分を前に持ち、やり投げと同様の投げ方で斜め上方に向けて、投げ上げる。この時、投げたい方向にポリエチレン傘袋をまっすぐに向くよう意識して投げるとよい。 　②落ちてくるポリエチレン傘袋を床に落ちる前にキャッチする。 【ポリエチレン傘袋で的あて】 　①床にフラフープやコンテナ等を的として置き、その中にポリエチレン傘袋を投げいれる。 　②床にペットボトル、段ボールで作った札などを的として置き、ポリエチレン傘袋を投げ、あてて倒す。 　③近い距離から始め、徐々に距離を離して投げる。 【ポリエチレン傘袋でドッジボール】 　①ドッジボールや雪合戦の要領で、相手にポリエチレン傘袋を投げてぶつけ合う。 　②空気の抵抗の影響で、予測しない方向に曲がりながら飛ぶため、動きをよく見て素早く避けたり、キャッチする。
様 子	
発展した動き	★チーム戦：的あての活動では、2チームに分かれて、どちらが早く倒すことができるか競い合うとより楽しめる。 ★ポリエチレン傘袋を剣にしたスポーツチャンバラも面白い。腕や腹部など有効となるポイントを決めて行う。ポイントになる部分に風船や小さめのポリエチレン袋をテープなどで貼り付けて、落とし合うことで勝敗を決める。
留意点	【視覚障害】 ポリエチレン傘袋の重心を意識しながら投げるようにする。的は音源で示すとよい。入った入らなかったなどの結果をフィードバックする。 【聴覚障害】 イラストや見本を示して活動の手順やルールをしっかり把握してから始める。 【肢体不自由】 ポリエチレン傘袋の持ち方は障害に応じて決める。握ったりつまむなど投げやすい持ち方を工夫する。

第3章 卒業後のスポーツライフの継続に向けた試み

1 卒業後のスポーツライフ継続に向けて

2 スポーツライフ継続に向けた取り組み事例

1 卒業後のスポーツライフ継続に向けて

［1］スポーツライフ継続の必要性

　私たちには「食べたい」「眠りたい」といった生命を維持するために働く生理的な欲求に加え、成長する中で生じる「愛されたい」とか「友人をつくりたい」といった心理的な欲求や「他人に認められたい」とか「自分らしく生きたい」といった社会的な欲求が生じる。このような自己実現を求めて生活することは、個人の生きがいやパーソナリティ、アイデンティティの形成に大きくかかわるものであり[1]、自己を形成していく上で非常に重要な事項である。

　このことは、障害のあるなしにかかわらないことであり、学校段階で社会的スキルを身につけた障害のある人たちが、卒業後も「自分らしく生きる」ためにスポーツ活動を日常的に継続するということは、障害のある人の人格形成や人生設計の上で大きな意味をもっている。

　ここでは、障害のある人たちが、卒業後にどのようにスポーツライフを形成・継続しているかについて具体的な事例を紹介し、少しでも多くの障害のある人たちのスポーツライフが豊かなものになることに寄与したいと考えて設定した。

［2］スポーツライフ継続の現状

　まず、障害のある人たちのスポーツライフの現状をみてみよう。

　障害者のスポーツライフについて行われた調査（笹川財団、2013）[2]によれば、過去1年間にスポーツ・レクリエーションを行った障害者は、44.4％となっている。しかし、発達障害では58.9％であるが、一方、視覚障害では29.4％に留まり、障害の種類や程度によって差がみられている。

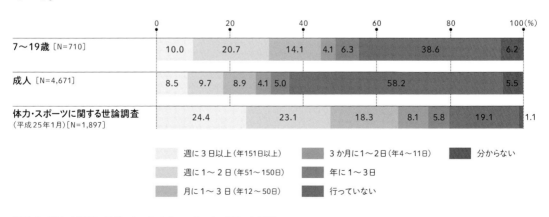

図3-1　過去1年間にスポーツ・レクリエーションを行った日数

また、ここで取り上げる卒業後、いわゆる成人の活動状況をみるために成人前と後で「過去1年間にスポーツ・レクリエーションを行った日数」の調査結果を比べてみると、「行っていない」が19歳までの38.6％から58.2％へと約20％増加していることがわかる（図3-1）。

　しかしながら、世論調査では「行っていない」とした割合が19.1％である。この世論調査と障害のある7〜19歳を比較すると、倍以上であり、成人に至っては3倍以上の割合でスポーツ・レクリエーション活動が年間を通して「行われていない」という現状が浮かび上がる。

　すなわち、障害のある人たちはスポーツを通したパーソナリティやアイデンティティ形成に対して、障害のない人に比べ厳しい状況にあることがわかる。

[3] スポーツライフ継続・スポーツ実施の問題点

　次に、スポーツライフの継続に向けた問題点を確認するため、スポーツ実践の実態に着目した。

　全国障害者スポーツ大会における参加者のスポーツ活動実態調査を行った藤田らは、1995年と2010年の2回の調査結果を分析している[3]。

　この調査では、スポーツをしていて一番困ることとして「施設が少ない」「経済的側面」「指導者がいない」が、2回の調査を通して変わらず挙げられていることを報告している。また、前掲の調査（笹川財団、2013）では、スポーツ・レクリエーション実施の障壁として「体力がない」「金銭的な余裕がない」が挙げられており、全国障害者スポーツ大会で得られた調査と同じ傾向がみられる。

　しかしながら、スポーツの実施者と非実施者を比較した場合には、体力や金銭よりも「家族の負担が大きい」（実施者31.9％＜非実施者68.1％）こと、「やりたいと思うスポーツ・レクリエーションがない」（実施者36.9％＜非実施者63.1％）こと、においていずれも非実施者が高い割合でみられる。このことは、スポーツを継続することとスポーツを実施すること、それぞれに異なる事情から大きな障壁があることを表している。

　このような問題に対して、日本とドイツの余暇と生活・就労支援を比較した安井ら（2012）は、「日本では、生活就労の補助的な位置づけとしてみられることが多い余暇・スポーツ活動であるが、（ドイツでは）それぞれが対等な関係として、あるいは、むしろ余暇やスポーツへの参加を柱に日常生活が成り立っている様子がみられた。」[4]（括弧は筆者加筆）とまとめている。

　すなわち、日本の障害のある人たちには、スポーツライフを継続する上で阻害される理由の1つにスポーツが日常活動の「補助的」存在であり「柱」に据えることが難しいということが伺えるのである。

[4] 問題解決に向けて

　こういった問題解決に向けて、国際生活機能分類（ICF）の考えを踏まえた実践の充実が求められる。ICFでは、図3-2のように人間の生活機能を「心身機能・身体構造」「活動」「参加」の

3つの要素で示し、それらの生活機能に支障がある状況を「障害」と捉えている。また、生活機能と障害の状態は、健康状態や、個人因子と環境因子といった個性と相互的に影響し合うと説明されている[6]。

この概念図は、双方向であることが特徴である。例えば「参加が心身の機能に影響し個人因子に更なる影響を及ぼす」ということである。さらに具体的に述べれば、「スポーツ大会に参加し、多くの人と一緒に汗をかき爽快感を味わったことで、スポーツ大会に参加することをライフスタイルの一部に取り入れる」といった生活の変容を促すと考えることができ、そのように障害者とスポーツはあるべきと想像させることになる。

このように障害のある人たちのスポーツライフ継続やスポーツ実施の問題は、それぞれの生活機能の問題としてとらえることができる。

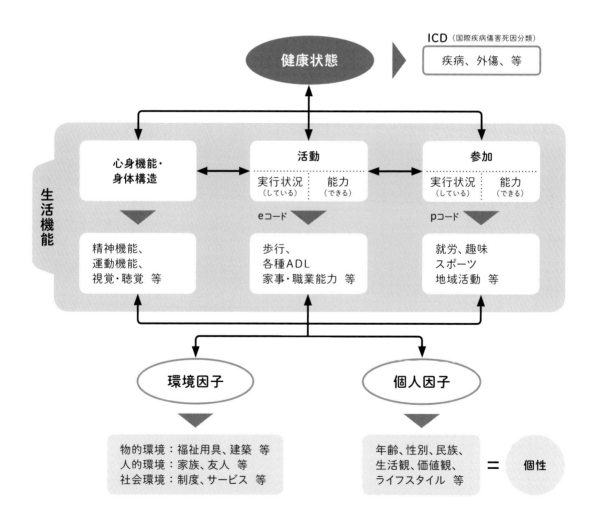

図3-2　国際生活機能分類（ICF）の概念図[5]

しかしながら、図3-2に示したように、影響し合う個人因子や環境因子も存在している。スポーツライフ継続に向けたさまざまな取り組みがなされることは、環境因子そのものであり、「家族の負担」「やりたいスポーツがない」といった個人因子に与える影響もある。

すなわち、問題解決に向け、私たちがすべきことは、さまざまな取り組みをどのように準備し実施するかということである。

さまざまな取り組みを用意し実践していくことは、障害のある人たちがスポーツ活動にかかわる可能性を広げることになる。例えば、スポーツ活動に参加することで、障害のある人たちは休日が待ち遠しくなり、日頃の生活も充実したものになるだろう。スポーツを共にする仲間と笑顔で語り合う機会が増えれば、表情がにこやかになり、周囲の人たちとよい関係を構築する可能性も生まれてくる。このようにスポーツと親しむ日常生活を過ごすことは障害の有無にかかわらず、健康の改善、さらには人格形成の一助になる。

人数や利用施設、地域の規模にかかわらず、障害のある人たちにスポーツに親しむ機会が用意されることで、上述した問題は解決へと向かうのである。

（内田 匡輔）

● 文献

1) 小池和幸（2001）「障害者の生活を保障するために」粂野豊・花村春樹 監修『障害者教育の人間学』中央法規出版、pp.180-182.
2) 笹川スポーツ財団（2014）『「健常者と障害者のスポーツ・レクリエーション活動連携推進事業（文部科学省委託事業調査）」報告書』
3) 藤田紀昭（2013）『障害者スポーツの環境と可能性』創文企画、pp.122-147.
4) 安井友康、千賀愛、山本理人（2012）『障害児者の教育と余暇・スポーツ』明石書店、p.238.
5) 厚生労働省大臣官房統計情報部（2007）『生活機能分類活用に向けて（案）- ICF（国際生活機能分類）：活動と参加の評価点基準（暫定案）-』厚生統計協会、p.5
   http://www.mhlw.go.jp/shingi/2007/03/dl/s0327-5l-01.pdf.（参照　2015年1月10日）
6) 国立特別支援教育総合研究所（2009）『特別支援教育の基礎・基本』ジアース教育新社、p.8.

2 スポーツライフ継続に向けた取り組み事例

　ここからは、スポーツライフ継続に向けた特徴的な取り組み事例について紹介する。紹介するにあたり、本書を手に取られた方々にとっても同じような取り組みができるよう、活動を整理して、下記の三つの視点でまとめている。

　一つめは「背景」である。それぞれの取り組みには独自の背景があるが、いずれにしても始まりがなければ、現在の活動はない。その始まりの部分が、例えば障害のある人自身の思いによるもの、当事者の声が高まったことによるもの、あるいは総合型地域スポーツクラブが中心となって広がりをもつものもある。また、これらの活動を始めるに際に、ぶつかった困難や時間のかかった問題、解決までの過程等もあればここでまとめて述べている。

　二つめは「現状」である。これは、内容を充実させてきたのは、どのような活動を継続してきたかということである。どのような障害のある人たちが、どれくらいの頻度で、何人くらい、どのような内容を行っているのかについてまとめている。

　そのなかでも特徴的な取り組み、例えばイベントの開催や試合等への参加についてもまとめ、現時点でこういった活動に取り組まれている方々にとって、参考になる内容があればと願っている。また、活動の様子が分かる写真を掲載し、様子を具体的にわかりやすく伝えることを目的としてまとめた。

　三つめは「課題」である。今後の活動継続に向けた課題を、例えば「施設」「予算」「スタッフ」といった観点からから述べていく。

　安定した活動実施には、将来的な展望や、計画が必要である。また、こういった課題がクリアーされている場合には、将来的にどのように発展した活動を考えているのかについて述べ、スポーツライフ継続の今後について現状に根ざし伝えることを目的としている。

　上記のように、ここでは三つの観点からまとめていくが、紹介する事例選考に当たっては「活動の多様性」に留意した。参加者の障害、活動実施の背景等、多様な様子をご一読いただき、学校卒業後のスポーツライフ継続に向けた取り組みの可能性を膨らませていただきたい。

［1］大学での取り組み

　大学は研究機関でもあり、教育機関としての機能も併せ持っている。その研究や教育の一環として障害のある児童生徒の体育やレクリエーション活動を提供している大学もある。ここでは、卒業後のスポーツライフ継続という観点から東海大学における活動について紹介する。

①活動の背景

東海大学では、体育学部教員がかかわり運営されている「エコーキッズ・エコージュニア体操クラブ」(神奈川県秦野市) がある。この活動は、1996年に神奈川県秦野市で自閉症児 (3 ～ 12 歳) の保護者が中心となり、エコーキッズ体操クラブを立ち上げことが始まりである。小学校の特別支援学級で体育だけでなく図工や音楽といった、実技系教科で通常の学級の児童と共に学ぶことを保護者が望んだことがこの活動が始まった契機となっている[1]。しかしながら、集中できず、動き回る子どもが多く、そのペースにあわせて授業を行なう学校教育の難しさを勘案し、現在では、表 3-1 のとおり、目的を整理し実施している。

表 3-1　エコーキッズ体操クラブの目的

① 運動に慣れ親しみながら集団の中で社会的ルールを学ぶ。
② 余暇の過ごし方のひとつとして参加する。
③ 特別支援学級の体育の交流授業の一助として活用する。
④ 親同士の交流の場として活用する。

活動を実施し、年数を重ねるに従って、子どもは児童期から青年期を迎え、義務教育を修 (終) 了する段階へと入った。中学や高等学校あるいは養護特別支援学校高等部へ進学してからの体育・スポーツ活動とのかかわりに活動の量的な不足や部活動に所属することへの困難さにかかわる多くの問題が存在し、スポーツライフ継続に向け障壁があることが明らかになった。

そこで 2008 年からは、対象を小学校卒業後 (13 歳以上) に拡大し、エコージュニア体操クラブを実施することにした。

活動開始当初は、大学での活動は限定的であったが、2010 年からは、月に一度の水泳教室を実施したり、2011 年からは隔週月曜日の放課後時間帯 (17 ～ 19 時) に大学施設を活用した体操教室の実施を始めた[2]。

エコージュニア体操クラブの目的は、表 3-2 のとおりである。

表 3-2　エコージュニア体操クラブの目的

① 放課後を活用した余暇活動を充実させる。
② 生涯スポーツにつなげる。
③ 体力の向上と情緒の安定をめざす。
④ 学校外でのスポーツを通じた人とのふれあいを大切にする。

本クラブの実施はすべて東海大学の施設を利用しているが、施設利用に際しては、体育学部教員の研究の一環であるとともに、学生指導の機会であるとして施設借用申請をし、本クラブの活

動に対して大学の理解を得ているため、施設使用料はかからない。また費用については、参加者のケガや事故に対応する任意の保険に加入すると同時に、参加する学生ボランティアの交通費について負担をいただき運営している。

②活動の現状

▶概要と主な活動

ここでは、小学校卒業後の子どもたちを対象としたエコージュニア体操クラブについて紹介する。

本活動に参加している生徒は男子5名、女子2名の計7名である。年齢構成は、中学生が1名、高校生4名、社会人2名となっている（2014年8月現在）。参加者の障害や特徴は、自閉症、注意欠如・多動症（ADHD）、肢体不自由、知的能力障害、内部障害、発達障害であり、個々に異なっている。

活動時間は、17時に集合し、19時までの2時間を設定している。このうち、更衣や移動等を除くと実際に活動している時間は約1時間半程度である。

活動実施時は、参加する子どもたちは保護者と別れ、主に学生ボランティアと活動を行っている。学生ボランティアの参加者は1回につき、2～10名で偏りがみられるが、常に全体を複数でサポートしている。なお、参加者には写真入りの会員証を作成し持参するよう伝え、講師室のロッカー借用の際の手続きを会員証で行うことを習慣づけている。

図3-3　活動前の調査の様子

毎回活動開始前には、体調に関する調査（図3-3）を行い、血圧測定や体重、身長、体脂肪量等の測定結果について記録用紙に記入している。運動前に体調を確認することで健康管理のスキルを高め、一般の体育施設でも行うことが可能となるような機会としている。

図3-4　準備運動の様子

次に、活動場所に移動し、準備運動を行う（図3-4）。活動場所は、主たる活動内容に合わせて変更するが、主に気象条件を考慮し、良好なコンディションの時は屋外、そうではない場合には、屋内で活動となる。

その後、メインの活動に移るが、内容は大学の施設で提供できる活動を参加者の運動欲求の程度に併せて用意する。例としては「グラウンド・ゴルフ」「風船バレーボール」（図3-5）、「テニス」「ウォーキング」「ローラーブレード」（図3-6）、「ストラックアウト」「フライングディスク」等が挙げられる。

図3-5　風船バレーボールの様子

図3-6 ローラーブレードを履く様子

図3-7 乗馬体験の様子

図3-8 乗馬前の確認

図3-9 待機時間中のレクリエーション

参加者の心身のコンディションに合わせて、活動を選択して行うことになるが、前掲の本クラブの目的の「4．学校外でのスポーツを通した人との触れ合い」への意識が高い。選択の理由や実施日の課題等を質問しながら活動を選択させることで、スポーツ活動が無目的ではなく、意味のある実施となるよう配慮している。

そして、活動終了時には、その日の活動の反省や活動記録を記し、次回の活動に生かすなど、継続に向けた一助となるよう努めている。

▶**イベント的な活動**

本クラブでは、イベント的な活動として、アウトドア活動も実施している。エコージュニアの活動では、乗馬体験を実施している（図3-7）。実施当日は、参加者の障害や特徴から、他の利用者と一緒にならないよう配慮し、牧場側と相談の上で、活動日を設定している。

参加者が乗馬の際に理解しておくべき注意事項は、図や写真を用いて作成した資料に添って確認し、危険な行為や約束事項の確認に留意している（図3-8）。

また、馬の頭数が参加人数より少ないため、待ち時間があるが、その際には、普段の活動で実施している用具を持参しレクリエーション活動を実施している（図3-9）。

こういった活動を乗馬の合間に組み込むことは、参加者の集中力を持続するためにも有用である。

このようなアウトドア活動は、エコーキッズでも行われており、カヌー体験を毎年実施している。

乗馬、カヌー、いずれの活動にしても参加者からは「楽しかった」「もっと乗りたい」という好意的、肯定的な声が聞かれている。また、保護者からも、こういった障害や特徴のある子どもが体験できる場所や時間が貴重であり、将来に向けて増加することを希望する声が多く聞かれている。

③クラブの抱える課題

本活動の課題は、大きく分けて二点考えられる。

ひとつは、学生ボランティアをはじめとするスタッフの構成である。また、もうひとつは、回数を含めた多様なプログラムの可能性である。

▶ スタッフの問題

　まず、学生ボランティアについてであるが、自由意志での参加のため、所属部活動の試合やイベント等で本活動へのかかわりが難しい場合がある。しかしながら、我々の活動に参加する障害のある人たちには、顔なじみの学生ボランティアの存在が大きい場合があり、初めての学生が増えた時には、参加者の緊張が高まり活動の質に影響を及ぼすこともみられ、同一学生の継続的な参加が課題である。

▶ プログラムの問題

　また、回数についても、これ以上の増加が難しい現状がある。

　使用場所が一般学生も利用する「フィットネスルーム」という施設の一部を使用するので、一般学生への開放時間と重なる。本活動の展開に大きくフロアー面積を確保することになるが、東海大学のフィットネスセンターは利用学生が非常に多く、利用人数が定員（ロッカーの数）を越えた場合には、利用者が退室するまで列に並び待機する規約があり、結果としてフィットネスルーム利用のすべての学生に理解が得られているわけではない。

　このような問題に対して、今後は、学生ボランティア集団を早期に構築することでスタッフを固定できるようにすることや大学施設に限らないプログラムの可能性等を含め検討していきたいと考えている。

　他にも、クラブの活動では、日常の身体活動量を客観的に評価できるよう、希望者に対して歩数計を配付し装着することを試みている。2012年から継続して参加している成人女性の歩数をみると、入会当初の特別支援学校高等部に在学していた当時と、現在の歩数では在学時と比較し大きく減少したことが分かっている[3]。

　調査を実施した期間内での比較ではあるが、1万歩を超える歩数が、在学時には32日のうち7日であったが、就業後は27日のうち1日と差がみられている。このように在学時から継続した取り組みを行うことで、卒業後の障害のある人の身体の状況について、支援が可能になる。卒業後のスポーツライフ継続が必要となるひとつの指標になると考えている。

（内田匡輔）

● 文献

1）吉岡尚美 ほか（2009）『地域における発達障害児を対象とした体操教室』アジア子ども支援学会
2）吉岡尚美・内田 匡輔（2012）「発達障害児を対象にしたスポーツ活動による放課後・休日支援」第50回特殊教育学会
3）吉岡尚美 ほか（2014）「発達障害児の在学時と就労後の身体活動量および日常生活の変化」『the 6th Asian Society of Child Care』: 1-4.

［2］総合型地域スポーツクラブでの取り組み

　総合型地域スポーツクラブは、地域スポーツの推進とスポーツ活動を通したコミュニティ形成を目的に地域住民が主体となって運営する組織である。ここでは、その総合型地域スポーツクラブにおいて障害者スポーツ活動に積極的に取り組んでいる高知県の「高知チャレンジドクラブ」の活動について紹介する。

①活動の背景

　高知チャレンジドクラブは、高知県立障害者スポーツセンターに事務局を置き、会員はさることながら、運営スタッフにも障害のある方々が多数参画している総合型地域スポーツクラブである。本クラブ設立の契機は、同センター職員（後のクラブマネジャー）の「施設で実施するスポーツ事業のさらなる充実（障害者だけではなく健常者も含めた事業への展開）」と、「県内各地に障害者スポーツを普及していきたい」という熱い想いがあった。その想いに周りの職員が共感し、2002～2004年度に高知県広域スポーツセンターが実施する総合型地域スポーツクラブマネジャー講習会に職員が随時参加することとなった。その後、同センターを拠点とした高知チャレンジドクラブの設立をセンター長（後の副会長）が決意し、2005～2006年度、（公財）日本体育協会の「総合型地域スポーツクラブクラブ育成事業」を活用（受託）した。その後、設立準備委員会を設立するとともに、総合型地域スポーツクラブとしてのモデル（プレ）事業を展開し、2007年度より高知チャレンジドクラブはスタートした。表3-3は、本クラブの活動スタート時に掲げた三つの理念である。

表3-3　高知チャレンジドクラブの理念

- **●障害／生涯スポーツを地域で**
  障害のある人が自分たちの暮らしている地域で、生涯スポーツを楽しめるように、
  高知チャレンジドクラブは高知県全域を地域と考えて、障害／生涯スポーツを盛り上げていきます。
- **●障害者と健常者の交流活動**
  様々なサークル・イベントを通じて、地球の人々が交流を行い、たくさんの出会い、
  そして、たくさんの笑顔がみられるようにユニバーサルな街づくりを目指します。
- **●感性豊かな心を育む**
  高知の雄大な大自然の中での活動や、サークル・イベントを通じて、自分の可能性に挑戦する楽しさを実感し、
  感性豊かな心を育みます。

 『自分らしく自分にチャレンジ！』

図3-10　高知チャレンジドクラブのスローガン

また、高知チャレンジドクラブは、「自分らしく自分にチャレンジ！」（図3-10）というスローガンをクラブ活動のコンセプトとして掲げている。このスローガンには、「障害のある人もない人も、子どもからお年寄りまですべての人々がスポーツや文化活動を通じて、仲間づくりや社会参加、また、心が温かくなるような居場所づくりとして、そして自分の可能性に挑戦することの楽しさを実感できる、そんなクラブをめざし、自分たちが暮らしている地域で、たくさんの人々の笑顔がみられ、たくさんの人々のつながりがみられますように！」との想いが託されているのである。

　さらに、高知チャレンジドクラブは、「総合型地域スポーツクラブを核とした活力ある地域づくり推進事業（文科省委託事業）」（2007～2009年度）を活用して「バリアフリーダイビング体験教室」とその教室を担う人材づくりのための「ダイバー養成講習会」を実施したり、「スポーツコミュニティ形成促進事業（文科省委託事業）」（2011～2012年度）および「地域スポーツとトップスポーツの好循環プロジェクト事業（文科省委託事業）」（2013年度）を活用して、小中高等学校や特別支援学校、社会福祉施設等を巡回指導する「障害者スポーツ体験教室」を実施するなど、これまでは障害者スポーツセンター（施設）内に留まっていた活動を、現在では、各種委託事業を契機に、施設外にその活動の場を広げている。

　また、これらの事業を通して、地域にある多様な組織（行政、福祉、医療、民間スポーツ施設等の組織）との連携・協働を生み出しており、「新しい公共」を担う組織としての成長を続けている。

②活動の現状

　ここでは、高知チャレンジドクラブの概要と、活動の中から上記に挙げた「バリアフリーダイビング体験教室」および「障害者スポーツ体験教室」について紹介する。

▶ 高知チャレンジドクラブの概要

　高知チャレンジドクラブは、多種目・多世代・多様性・自主運営をモットーとし、地域住民の誰もが参加できるクラブ運営をめざしている。よって、事業内容についても「教室」（水泳、陸上、バドミントン、シッティングバレー、車いすバスケット、ハンドサイクル、エアロビクス等）、「サークル」（卓球、バドミントン、シッティングバレー、ビームライフル、水泳、テニス、クライミング等）、「大会」（ツインバスケット、車いすバスケット、卓球等）、「イベント」（ユニバーサルフェスティバル、夏祭り、餅つき等）、「会議」（運営会議、プロジェクト会議等）といったさまざまなスポーツ事業を展開している。

　また、会員数は305名（2012年3月現在）で、そのうち、障害のある会員は、120名（身体障害者45名、知的障害者71名、精神障害者4名）であり、会員の約半数が障害者である（障害別内訳）。さらに、障害のある会員の年齢層は、未就学児10名、小学生23名、中学生10名、高校生7名、社会人（19歳以上）70名となっており、社会人の割合が多いことがわかる。つまり、高知チャレンジドクラブは、多様な障害種別の会員が参加できるプログラムを提供するとともに、学校卒業後にスポーツ活動を行う場（仲間と集う場、健常者との交流の場）としての機能も備え

ている組織と言っても過言ではない。

表 3-4　高知チャレンジドクラブの概要　（2012 年 3 月現在）

- **事業数**：10 教室、8 サークル、3 大会、9 イベント、3 文化イベント、19 会議
- **会　費**：年会費（大人 2,000 円、子ども 1,000 円）＋スポーツ安全保険＋各教室・サークル費
- **財　源**：3,566 万円（内委託金 1,699 万円）
- **会員数**：305 名（内障害者 120 名）

表 3-5　クラブ参加者の障害別内訳（平成 24 年度）

区分	未就学児	小学生	中学生	高校生 （～18歳）	～29歳	～39歳	～49歳	～59歳	～69歳	～79歳	合計
知的	9	22	7	7	17	9	0	0	0	0	71
精神	0	0	0	0	1	0	2	0	1	0	4
身体	1	1	3	0	7	6	10	3	9	5	45
合計	10	23	10	7	25	15	12	3	10	5	120

▶バリアフリーダイビング体験教室

　高知県は太平洋に面しており、雄大な自然に恵まれている地域である。そのため、真っ青に透き通った海の世界を体験しようと、全国各地からたくさんのダイバーが訪れる。

　高知県の自然を利用したマリンスポーツを障害者にも体験できる体制の確立を目指して、高知チャレンジドクラブでは、「バリアフリーダイビング教室」を開催する前に、その教室を運営する人材づくりとして「ダイバー養成講習会」を開催した。この講習会を終了した日本バリアフリーダイビング協会公認のインストラクターは 5 名、サポートダイバーは 4 名（2012 年 11 月現在）で、その養成したダイバーを中心に「バリアフリーダイビング体験教室」を開催している。

　「バリアフリーダイビング体験教室」は、毎年 1 回開催を続けている教室であり、2012 年度の体験教室は、マリンスポーツの島として有名な高知県宿毛市沖ノ島（1 泊 2 日）で実施された。参加者は、10 名（男子 6 名、女子 4 名）であり、年齢構成は、中学生 2 名、社会人 8 名であった。参加者の障害種は、肢体不自由、聴覚・知的、ダウン症、脳性麻痺、精神障害であり、さまざまであった。そして、海上スタッフは、上記のダイバーに加えて高知大学医学部ダイビング部員に協力してもらい、陸上スタッフは、クラブ事務局、医師等で構成された総勢 17 名であった。

　教室の行程は、1 日目の高知県障害者スポーツセンター集合から始まる。スタッフも参加者と一緒にバスに乗り、半日かけて移動する。宿毛市のホテルに到着した後、参加者たちは、無重力の海の中の世界がどんな場所なのか想いをはせ、途切れることのない会話の時間を夕食後も部屋に集い過ごした。

　翌 2 日目は、ホテルを 6 時半に出発し、片島港から船に乗り、沖ノ島へ移動した。島に到着後、参加者はメディカルチェックを受けて、医師の「OK」が出た後、午前 1 本目のダイビングへと

向かった。参加者は障害種別によって 2 班に編成され、交互にダイビングを楽しんだ。

　1 本目が終了次第、昼食をとり、休憩をした後に、体力がある参加者は、午後の 2 本目のダイビングを開始した。日頃と異なる体験に対する不安と緊張、さらに、長時間の移動のため、2 本目のダイビングを楽しむ参加者は半数だが、沖ノ島を離れ、片島港に帰ってきた後の参加者の目の輝きと、「こんな遠くまで連れて行ってくれてありがとう」「最後まで丁寧にサポートしてくれてありがとう」という参加者の言葉は、「無理をさせてはいないか」「満足してもらえただろうか」というスタッフが最後まで感じている不安と緊張、そして、疲れを一気に払拭した。最後に、「また来年」という別れの挨拶で今回の教室も終えることとなった。

▶障害者スポーツ体験教室

　障害者スポーツ体験教室は、高知県内の小中高等学校の総合的な学習の時間や、特別支援学校、「高知県自閉症協会」「難聴児を持つ親の会」「高知手をつなぐ育成会」等の障害者団体、そして、県市町村社会福祉協議会が実施するスクール等に障害当事者（クラブマネジャーを中心とした指導者）が講師として出向き、子どもたちを中心に障害者に対する理解を深めてもらうとともに、障害のある方が、自分たちの暮らしている地域でスポーツができる環境づくりを推進することを目的に開催しているものである。

　2012 年度は、延べ 100 名の指導者・サポートの方々の協力をいただき、各種会場で 115 回の教室を実施。総勢 3,978 名の参加を得ることができた。教室の「導入」では、卓球バレー、風船バレー、フライングディスク等多くの人が同時に楽しめる内容を紹介し、「展開」では、車いすバスケットの車いす操作やボールを使った練習、そして、最終的には試合（ゲーム）を選手（障害当事者）と交流する中で楽しみ、最後の「まとめ」では、「心のバリアフリー」の時間と題し、子どもたちが選手を囲み、障害者の日常についての話を聞くという流れで進められている。

　その話の具体的な中身を紹介すると、子どもたちからは「車いすは好きですか。」「自分たちが集めたプルタブで車いすをつくることはできませんか。」などの質問があり、講師からは「障害をもつことにより、すごく落ち込みました。昨日まで動いていたものが動かない。しかし、仲間や家族に支えられたことで乗り越えられました。」「車いすのおかげで、たくさんの人に出会うことができました。」など、普段、気になっているが、なかなか面と向かって聞くことのできない障害の話を通して、みんなが過ごしやすい社会や街づくりについて子どもたちに考えてもらう教室にもなっている。

③クラブの抱える課題

　本クラブの課題は大きく分けて二つある。一つめは、民間組織との連携による活動の継続化である。

　高知チャレンジドクラブは、障害のある人たちがさまざまな種目を健常者と一緒に楽しんでいるクラブであり、また、障害当事者がクラブのスタッフ（指導者）としても活躍しているクラブである。もちろん、障害の種別や程度によって参加の有無は異なるが、ここに参加するすべての

会員は、クラブのスローガンである「自分らしく自分にチャレンジ！」を大切にする人が集っていることから、障害があるから「無理」ではなく、障害をもっていても「やりたい」という思いを大切にしている。「バリアフリーダイビング体験教室」は、まさに、そのような想いを実現した典型的な教室でもある。

　しかし、同体験教室は、自然を相手にした活動のため、活動場所までの移動に時間がかかることや、宿泊を伴う活動であること、また、天候等による日程変更の対応もかなりの確率で発生するため、現在は年1回の頻度でしか開催できていない。今後は、同教室を支える人材育成（ダイバー養成）とともに民間組織（ダイビングショップ等）との連携を深化させることで、多くの人が参加できるように教室の充実を図っていくことが必要となるであろう。

　二つめは、クラブが活動の本意を伝えることである。「障害者スポーツ体験教室」は、障害者スポーツの認知度の向上と、運動しない（したいけどできていない）障害者へのスポーツ機会の提供を目的に、これまで、国からの助成金を活用して、巡回指導回数を順調に増やしてきた。助成金終了後もこの教室を継続できるようにクラブは、受け入れ組織側と協議し、ほぼ半数の組織がこれに同意し、予算措置を講じている。しかし、組織（特に学校）側のリクエストは「スポーツ」ではなく、「人権」というテーマ（障害のある人はこんなにも頑張っていますというスタンス）であることが多いのが現状である。クラブの本意は、スポーツ活動を通して「障害の有無に関係なく、工夫することや可能性へ挑戦することの大切さ」を伝えたいのである。この教室の挑戦は、これから（今まさにスタート地点）であると考えている。

　また、このような問題があるものの総合型地域スポーツクラブは、地域住民が主体となって運営する組織である。つまり、総合型地域スポーツクラブは、会員の「やりたい」という想いを、地域で叶える場でもあるといえよう。現在、総合型地域スポーツクラブは、全国に3,512クラブ（2014年7月1日現在）を数えるまでに広がっている。

　その中で、高知チャレンジドクラブのように障害者スポーツ活動を行っているクラブはまだまだ少ないが、学校卒業後にスポーツ活動を楽しめる場として、今後、大いに期待できる組織であると考えている。読者の方々にも、自身が住んでいる地域の総合型地域スポーツクラブを、一度ぜひ訪ねていただきたいと願っている。

（行實鉄平）

● 文献

1) 日本体育協会（2012）「第1特集　一緒につくろうスポーツコミュニティ」『Sports Japan』Vol. 1
2) 高知県体育協会（2012）「総合型地域スポーツクラブを核とした活力ある地域づくり推進事業」『実践事例集』
3) 行實鉄平（2013）「地域におけるアダプテッド・スポーツ環境の構築〜高知チャレンジドクラブの事例分析」日本体育学会第64回大会発表資料
4) 文部科学省（2014）「平成26年度総合型地域スポーツクラブ育成状況調査」
　http://www.mext.go.jp/a_menu/sports/club/1352356.htm（参照　2015年5月2日）

インストラクターの先生と水中でのサインを確認

サポートスタッフと一緒にドライスーツに着替え

サポートダイバーと一緒に海へ

海の世界は無重力

たくさんの綺麗な熱帯魚に感激

卓球バレーを楽しむ子どもたち

図 3-11　クラブの活動の様子 ①

第 3 章：卒業後のスポーツライフの継続に向けた試み

うまく飛ばせるかな

みんなで楽しむ風船バレー

初めての体験、車いすバスケ。子どもたちも大喜び

まずは車いすを動かすことから始めます

車いす操作のコツを教えてもらいます

障害のある人もない人も皆同じ。
「心のバリアフリー」について真剣なお話

図 3-11　クラブの活動の様子 ②

[3] プロスポーツ組織での取り組み

　Jリーグは1993年に設立された日本のプロサッカーリーグであり、リーグに加盟するクラブはスタジアムや経営状況，チーム運営状況、さらには育成組織としてのクラブユースチームの運営等の厳しい要件が規定されたプロスポーツ組織である。ここでは、知的に障害のある人たちのサッカーチーム「横浜F・マリノスフトゥーロ」（神奈川県横浜市）の活動について紹介する。本チーム組織はJリーグクラブチームが主催する日本で初めての試みとして活動を続けている。

①活動の背景

　始まりは、1999年8月に2002年FIFAワールドカップの決勝戦が横浜開催と決定し、横浜市内で以下の三点について社会的なニーズによる普及・強化のプログラムへの期待が高まったことにある。

> ● 市民のサッカーに対する盛り上がりに市制の方向性を反映させること
> ● 知的障害者団体種目として高いニーズがある
> ● 集団スポーツや対人の種目特性と障害特性の可能性の評価

　上記をうけて、1999（平成11）年度に横浜市では障害者サッカー育成事業として、「知的に障害のある人」「電動車椅子使用者」「肢体に障害のある人」を対象とした普及・強化プログラムが展開された。これには、社会福祉法人横浜市リハビリテーション事業団が運営する『障害者スポーツ文化センター横浜ラポール』（以下、横浜ラポール）が主として実施にあたり、電動車椅子使用者と肢体に障害のある人は当事者が運営を担えるのに対し、知的に障害のある人は当事者運営が難しい傾向にあることから横浜ラポールが特に手厚く運営にかかわり、主体となりプログラムを継続した。

　プログラムを継続していく中で挙がった課題の一つとして、障害の種別に限らず「幼少期からの運動経験の少なさが成人期のプレイを左右すること」があり、「強化と普及は両輪で行うべきである」という考えを裏付けるものとなっていた。そのため、2001（平成13）年度には、継続した運動、地域での自立に向けた活動への環境整備をコンセプトとしたジュニア期対象のプログラムを展開し、将来的にはプロチームとの連携を目標に掲げて活動を続けていた。

　その一方で、Jリーグ加盟のクラブ『横浜F・マリノス』（以下、「マリノス」という。）は1999年に地域密着・サッカーの普及を目的とした「ふれあいサッカープロジェクト」を立ち上げた。横浜ラポールとマリノス両者の目的が合致し、はじめは「ふれあいサッカープロジェクト」の一環としてのサッカースクールで関係性を築き、さらには市のスポーツの中核団体であり、サッカー普及において早くからマリノスと連携を図っていた公益財団法人横浜市体育協会（以下、「市体育協会」という。）にも働きかけ、それぞれの組織の持つコンセプトの合致により新しいチーム結成のための協力体制が構築された（図3-12）。

活動開始にあたり、各関係団体のかかわり方と役割分担、必要経費の捻出やチームのネーミング等を含め、対等の立場で本事業に取り組む姿勢を確かめながら意見を持ち寄り、検討を重ねた。関係団体が互いの得意分野を担い、2004（平成16）年度に国内で初のJリーグ加盟チームによる〈知的に障害のある人たち〉のサッカーチームである『横浜F・マリノスFuturo』（以下、「フトゥーロ」という。）は結成された。

　開始当時は横浜市からの助成を受けて活動経費を捻出していたが、個人的なつながりや横浜F・マリノスの提携する企業から賛同を得られ、一部援助を受けられるようになっている。

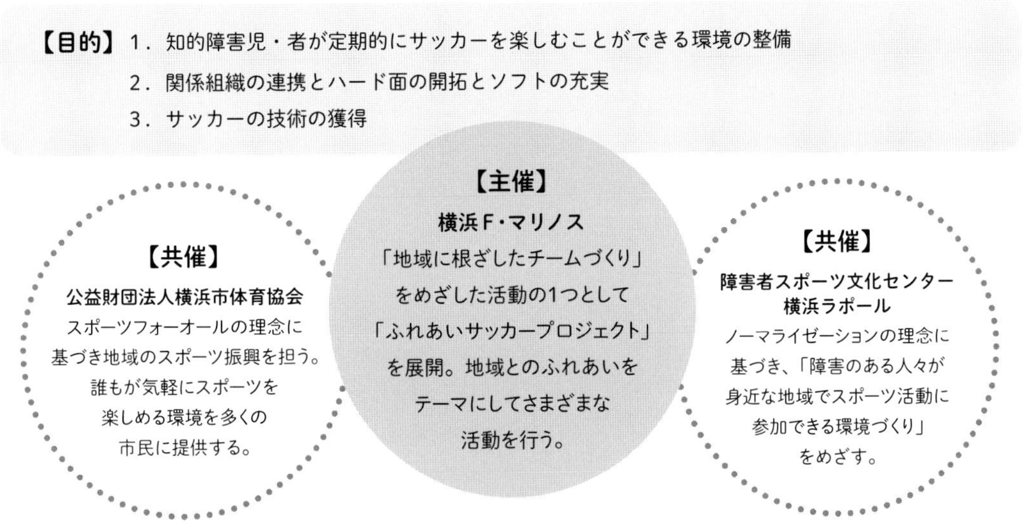

【目的】
1. 知的障害児・者が定期的にサッカーを楽しむことができる環境の整備
2. 関係組織の連携とハード面の開拓とソフトの充実
3. サッカーの技術の獲得

【共催】
公益財団法人横浜市体育協会
スポーツフォーオールの理念に基づき地域のスポーツ振興を担う。誰もが気軽にスポーツを楽しめる環境を多くの市民に提供する。

【主催】
横浜F・マリノス
「地域に根ざしたチームづくり」をめざした活動の1つとして「ふれあいサッカープロジェクト」を展開。地域とのふれあいをテーマにしてさまざまな活動を行う。

【共催】
障害者スポーツ文化センター横浜ラポール
ノーマライゼーションの理念に基づき、「障害のある人々が身近な地域でスポーツ活動に参加できる環境づくり」をめざす。

図3-12　横浜F・マリノスフトゥーロの活動を支える組織と理念

②活動の現状

　ここでは、クラブの概要と普段の活動について紹介する。選手数は、初年度（2004・平成16年度）に41名からスタートしたが、毎年増員し、2013（平成25）年度には71名にまで達している。平均年齢は20.2歳（最年長43歳／最年少12歳）、年齢層は社会人39名・学生32名（専門学校生2名／高校生22名／中学生8名／小学生0名）となっている。

　なお、参加の条件は下線部を原則とし、かつ下枠の①～④のすべてに該当することとしている。

<u>申込時に満12歳以上で愛の手帳（療育手帳）の交付を受けている、またはその取得対象に準ずる</u>

① サッカーが好きで、サッカーがうまくなりたいと思っている人（技術の獲得への向上心がある）
② クラブの一員としてチームメイトと協力して活動ができる方（ルールやマナーを守る）
③ 指導者の言語的指示が概ね理解できる方（集団での一斉指導を中心にトレーニングを実施するため）
④ 「ハマピックサッカー」や同等の大会に参加したことがある方（サッカーのルールを理解している）

障害程度としては中度〜軽度の知的障害児・者が主である。なかには手帳取得が難しいボーダー域の参加者もいる。
　入会初年度や年間の参加費、トレーニング会場までの交通費、さらには指定のトレーニングウエア一式は個人負担とし、その後は希望者のみ買い足す形式を取っている。
トレーニングの年間回数は、以下の回数を活動開始初年度から継続して実施している。

> **平日**（第1・3・5木曜日）：年平均20回前後（1回の時間は2時間程度）
> **休日**（月1〜2回）　　　：年平均16回前後（1回の時間は4時間程度）

　トレーニング場所は、平日は「横浜ラポール」の体育館、休日は横浜市内のスポーツ施設を年間で確保している。グラウンド使用料は、選手の参加費やチーム運営費、スポンサー企業からの協賛金等で賄っている。そこでのトレーニング内容としては、横浜F・マリノスのコーチ（1〜3名）を中心に、基本的な技術や個人・チーム戦術のトレーニングを実施している。障害特性へのアプローチやプログラムの開発は、横浜ラポール（2〜3名）・横浜市体育協会スポーツ指導員（2〜6名）が中心となり、ボランティアを含めた常時4〜9名のスタッフで指導にあたっている。チームを強化と選抜クラスに分け、トレーニング効果を測定するために大会への参加も積極的に行っており、継続して参加している大会としては「全国知的障害者サッカー交流大会（サマーカップ）」や全国障害者スポーツ大会関東ブロック予選会への切符をかけて戦う横浜市障害者スポーツ大会「ハマピック」等がある。
　特徴的な取り組みとしては、基礎的な体力の向上を目的とした『フトゥーロ検定』を実施している。内容はリフティング・腹筋・背筋・反復横跳び等の10種目を各回で1種目ずつ行い、それぞれの種目のタイムや回数において10段階の級に分けてポイントを獲得する形式をとっている。記録がよいほど上の級にあがり、チャレンジの回数が多いほどポイント数も増えていく流れとなっており、年間の成績上位者は年度末に表彰される。
　また、マリノストップチームの前座試合では、対戦相手の地元の知的障害者サッカーチームを招き、ホームグラウンドである日産スタジアムで多くの観客の前で試合を行っていることも特徴の一つである（図3-13）。
　その他、年度末にはフトゥーロの選手がホストとなり、フトゥーロに縁のある方々に感謝をこめて、スタッフ・保護者・協賛企業関係者・ミセス日産・マリノストップチームサポーター・高校生チームを交えての紅白戦を行う『フトゥーロカップ』（図3-14）を開催している。

図3-13　前座試合の様子

図3-14　フトゥーロカップの様子

フトゥーロの活動は、サッカーを通して様々な人との交流も目的としている。2011年3月11日、東日本大震災で甚大な被害を受けた宮城県石巻市地域で活動しているサッカーチーム「石巻ID」との交流もそのひとつである。

　毎年「全国知的障害者サッカー交流大会」で顔を合わせる同チームにエールを送るべく、横断幕やチームフラッグにマリノストップチーム選手も含めてメッセージを添えて手渡したことがきっかけとなり、「石巻ID」の横浜遠征も実現し、現在も続いている。（図3-15・16）

図3-15　交流大会の様子①

図3-16　交流大会の様子②

　その他にも、ホームゲームイベントや横浜マラソンにおいて選手自身が誰かのためとなるボランティア活動の機会を設け、選手がサッカー以外でもマリノスの一員として活動する場の提供に努めている。

③ クラブの抱える課題

　始動から10年を経て、継続して取り組むべき課題と今後に向けての新たな課題がある。
　前者はチーム内での選手の育成とスタッフの指導スキルアップであり、後者は活動の周知と拡大である。

▶選手の育成とスタッフの指導スキルアップ

　参加選手には、障害が軽度であるものが多いが、「特別な配慮が必要」と思われてきた本人・保護者の認識もあり、「自分のことを自分でやる」気持ちや「相手を思いやる」気持ちが未熟なものも少なくない。特にチームプレイにおいて重要な「相手を思いやる」ことに関しては、ピッチを離れた生活面でも必要な要素となる。過去には、チーム内におけるトラブルや、自身の感情をコントロールできずフェアプレーにかける言動を繰り返す選手同士の人間関係におけるトラブルがあった。「フトゥーロに参加するために仕事をがんばる」といった選手の声もあり、フトゥーロの存在は選手の中で大きくなっている一方で、こうした生活上でのトラブルや対人関係の問題からフトゥーロを離れていく選手がいることも事実である。そのため、障害特性を理解している専門スタッフが選手個人や保護者との面談を設け、問題解決や問題意識のスタッフ間共有に当たっている。チームスポーツをやる以上人間関係のトラブルはつきものであるが、そういったトラブルに自ら対処できる選手を育てるためにもできるだけ選手一人一人の個性を把握し、精神面での成長を促すような関わりをスタッフ間、ひいては保護者を含めたチーム支援者間でめざすこ

とが課題である。

　また、技術面における指導はマリノススタッフが中心となり、より高い技術の習得に向けて日々の練習メニューを組み立てているものの、選手の中にはその障害程度により理解力に大きな差があることは否めない。活動を続けていく中で、指導内容が理解できないまま「わかったふり」をしてしまう選手もいることがわかってきた。

図3-17　図の活用

　そのため、先ほど述べた専門スタッフが中心となり、選手の理解に合わせた指導方法を提案している。取り組みとしては写真・図・文字等の視覚的な手がかり（図3-17～19）を用いた指導内容の提示や、反復した指導、スタッフが手本を見せる場面を多く設定するなどを実施している。年間の振り返りの中では、スタッフ間で選手の情報について共有するため障害特性の紹介や、選手を例にしてうまくいった指導内容等をレポートにまとめる作業も行っている。選手の増加に伴い、スタッフがお互いの得意分野を生かして連携をとり、精神面・技術面でのサポートの両輪で選手の育成にあたることが継続して取り組むべき課題といえる。

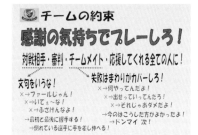
図3-18　文字の活用

　その他、学生の参加が半数に達しようとする現状を踏まえると、5年後、10年後も継続して活躍できるような質の高いサッカー選手の育成を視野に入れ、ジュニア・U-18世代のプログラム展開も課題として挙げられる。とはいえ、選手に十分なトレーニングを実施するには練習場

図3-19　反復指導

所や指導するスタッフ人数の問題により限界が近づいていることも感じているところである。そのため、年齢や技術レベルの近い選手で構成されたチーム別練習の検討や、年間で使用できる施設と回数を増やすことも課題である。

▶ **活動の周知と拡大**

　活動を展開する中で新たな課題は多くあるが、その代表的なものとして活動の周知・拡大があり、それに伴うスポンサーの獲得が必要となっている。マリノスのクラブイベントやホームページにおいて活動紹介を行い、協賛企業の増加にむけて新たなPR方法を検討していきたい。

　また、現状は年1～2回の大会のみが公式戦の場であるが、年間で定期的に公式戦を行える環境を整えていきたいと考えている。大きな目標は、知的障害者サッカーチームによるリーグ戦が開催されることであり、横浜F・マリノスフトゥーロと同じようにJクラブチームの主催する知

的障害者サッカーチームの誕生を願っている。それに向けた一歩として、他のJクラブチームへの事業展開の呼びかけ、活動周知や大会の企画・運営・実施に向けた取り組みが課題となる。

　Futuro（フトゥーロ）とは、スペイン語で「未来」という意味で、将来的にはこのようなサッカーチームが当たり前のように存在する「未来に向けて…」「未来はきっと…」という願いが込められている。FIFA World Cupの年にINASの「もうひとつのWorld Cup」があるように、いつか、知的障害者サッカーチームによる「もう一つのJリーグ」が開催されることを願い、「横浜F・マリノスフトゥーロ」はこれからも歩みを止めず前進していきたい。

（長田菜美子）

［4］重度・重複障害児スポ・レク活動教室での取り組み

　地域にはさまざまなボランティア団体が活動しているが、ここでは身体および知的にも障害の重い子どもを対象にしたスポーツ・レクリエーション活動を実施しているボランティア団体「はなまるキッズ」（広島県広島市）の活動について紹介する。

①活動の背景

▶ボランティア活動の開始理由とその活動の必要性について

　本団体は、身体および知的にも障害の重い子どもを対象とした、スポーツ・レクリエーション活動の実施を目的とするボランティア団体として2007（平成19）年4月に設立し、2015（平成27）年で9年目を迎えた（図3-20）。本団体の設立を考えたきっかけは、障害の重い子どもの「スポーツ・レクリエーション活動の指導法や取り組みの実績が少ない」「サポートできる指導者が少ない」「通える場が学校や病院以外に無い」等から、運動・スポーツ、健康増進や余暇活動の充実の必要性を感じたからである。そこで、健常児が塾や習い事に通う場が多様にあるように、障害の重い子どもが家庭や学校以外で「楽しめる場所づくりをしたい」「参加できるスポーツ教室を定着させたい」という思いから本団体を立ち上げ、これまで活動を継続してきた。

図3-20　参加者の様子

▶活動を継続し運営していくまでにかかった時間や経費等について

　設立前の2006（平成18）年秋頃から、子どもに直接支援を行うことができる質の高い支援者を集めることから始めた。日頃から障害者スポーツボランティアの経験豊かな障害者スポーツ指導員の資格所有者や、医療・福祉職を中心に声をかけた結果、障害者スポーツ指導員、看護師、保育士、ホームヘルパー等の5名に協力いただけることとなった。開催場所については、2007（平成19）年4月から2011（平成23）年10月までは「スポーツ交流センターおりづる」（広島県東広島市）で実施し、同年11月からは広島市心身障害者福祉センター（広島市東区）に変更した。施設利用については、月末に開催される会議に代表者が出席し各団体と調整の上で場所を確保することができる。利用日時が決まった後に所定の書類を期日までに提出した時点で施設予約が完了し、教室開催当日の施設使用料は無料となる。運営に係る経費については、支援者には無償で協力いただいている。参加費は全員無料としているが、毎回の教室開催時にはスポーツ障害保険をかけているため、参加する子どものみ一人200円を徴収している。教室開催時に使用する備品等については、私費で自作した遊具等をはじめ、椅子、テーブル、玩具、楽器等を主に使用し

ている。なお、2008（平成 20）年にはマツダ財団が実施している市民活動支援助成金制度に申請し、そこで得た支援金により支援者養成に係る費用や一部の物品購入等に活用した。

▶ 支援者の育成について

現在、本団体の支援者は特別支援学校等の教師を中心に、医療（理学療法士、作業療法士、看護師等）、福祉（介護福祉士、介護支援専門員、保育士等）職をはじめ、一般企業、自営業等、約 60 名に登録（2015 年 10 月現在）していただいている。本団体を立ち上げたもう一つの目的は「障害者スポーツ指導員」の育成である。本団体が実施する活動では、子どもが車椅子等から離れていろいろな姿勢で運動・スポーツに取り組んでおり、支援者は子どもを直接抱きかかえたり、一緒に手足を動かしたり、座位姿勢を保持したりするなどの支援を行っている。このため、本団体では、子どもの身体に直接触れて支援できる技術を持ち備えた上で、医療面、および安全面への配慮ができる支援者を育成するよう努めている。

② 活動の現状

ここでは、本団体の活動の概要について、「教室開催ペースと参加者の障害と特性について」「本団体が考える『障害の重い子どもの運動・スポーツ』について」「具体的な活動内容について」という視点から紹介する。

▶ 教室開催ペースと参加者の障害と特性

本団体が開催する教室は、団体設立以来、毎月第四土曜日を基本として月 1 回の開催ペースを続けてきており、現在に至っている。1 回の活動時間は 10：30 ～ 12：00 としている。設立当初の子どもの登録者数は 8 ～ 11 歳の 6 名であったが、現在では広島市やその近郊の特別支援学校や特別支援学級、療育園等に在籍・在園する、2 歳から 17 歳の子ども約 30 名が登録（2015 年 10 月現在）している。参加しているほとんどの子どもは、知的障害があることに加え、脳性まひを原因とする重い身体障害や運動障害等を有している。具体的には、自分では歩けない、座れない、首が座っていない、手を使って遊べない、話せない、聴覚・視覚にも困難があることに加え、痰の吸引が必要だったり、多くの薬を服用していたり、食形態をペースト状にして食べたり、腹部につけたボタン（胃ろう）や鼻から胃に通したチューブから栄養剤を注入したりしているなど、子どもの障害の状態は重度・重複化、多様化の傾向にある。近年の医療技術の進歩により、本来なら病院での入院生活となってしまう子どもも在宅での生活が可能となり、学校にも通うことができるようになった。このような障害のある子どもが教室に参加する一方、参加する子どもの障害の状態の幅が広がってきており、電動車椅子自走、介助歩行、自力座位、自主的な手の動き等が可能な子どもや、身体障害のみを有している子どもも参加するようになってきている。

▶ 本団体が考える『障害の重い子どもの運動・スポーツ』について

障害の重い子どもは、日常生活の中で必要に応じて他者から介助を受けて生活している。ま

た、運動障害があることで運動不足や寝たきりに近い状態となりやすい傾向にあり、主体的な上・下肢等の運動、安定した姿勢保持、首のコントロール等に困難さがみられたり、皮膚等の感覚が敏感、または鈍感となったりしている。このような障害を有していることから、必要な支援を受けて、身体をダイナミックに動かしたり、身体を起こして座り体重を感じたりするなど、同じ姿勢を続けないようにしながら、保有する感覚を活用して多くの刺激を受け止める活動を日常生活場面の中で多様に経験することが必要である。また、障害の重い子どもは、日常生活の中では動きの質・量共に制限を受けやすいため、身体が硬くなったり、体力・筋力の低下を起こしたりしやすい。運動・スポーツとは、障害の重い子どもに限らず、健常者にとっても、健康の保持・増進や機能の回復・維持にも大きく寄与するものであり、人間の正常な発育・発達に欠くことのできない重要なポジションを担っているといえる。しかし、現在、地域やスポーツセンター等には、障害の重い子どもが参加できる運動・スポーツ教室等はあまり見当たらず、そもそも「スポーツなんて無理なのでは？」と思われがちである。本団体が実施している教室では、障害の重い子どもにとって「身体を起こしてあぐら座位をキープすることだけでも運動・スポーツを行っている」と考え、「車椅子等から解放してダイナミックに運動する！」「同じ姿勢を続けない！」「寝たきりにしない！」「主体的な活動の場を提供する！」といったことを大切にしながら教室を開催している。

▶ **具体的な活動内容について**

本団体では設立以来、誰でも参加可能な活動を実現し、これを楽しむことができるという「アダプテッド・スポーツ」の創造という立場に立ち、子どもの障害の種類や状態に適合（adapt）させたスポーツ活動を考案し、これまで実施してきた。障害の重い子どもにとって、野球やバスケットボール等の既存のスポーツ競技のルールや用具等では、主体的に活動することが難しいケースが多い。そのため、本団体が実施する活動内容については、子どもの障害の状態に応じて、ルールや用具、サポートの方法等を独自に工夫・考

図 3-21　ガタガタ道走行

図 3-22　介助立位走行

図 3-23　介助膝立ち走行

図 3-24　トランポリン運動

第 3 章：卒業後のスポーツライフの継続に向けた試み

図 3-25　マット・ローラー運動

図 3-26　スロー・ベンチ椅子ラジオ体操

図 3-27　プール運動・背浮き

図 3-28　プール運動・クッション背浮き

案し実施している。

　ここで、主な活動として実施しているスクーターボード運動についてふれる（図3-21・22・23）。この活動は、子どもがあぐら座位、伏臥位、膝立ち、立位等、必要に応じて支援を受け、可能な姿勢を保持しながらスクーターボード上に乗り、フロアー上を走り回る活動で、子どもに最も人気の高い活動である。この活動からは、直進性や回転性の加速度やスピード感等から得られる前庭感覚刺激を受け止めたり、抗重力姿勢により体の重みや向き等を感じ取ったりすることができる。コース上には、ベニヤ板で作製したガタガタ道での振動、キラキラ光る電飾や光る玩具等で飾られた暗幕トンネル、鈴の入った発泡スチロール倒し等、いろいろな刺激の障害物が待ち構えている。子どもが可能な姿勢を保持しながら、スピード感やいろいろな刺激を楽しむことができる活動であり、ほとんど反応がみられない子どもが微笑んだり、笑い声を出したりするなど、子どもが快刺激を獲得しやすい活動である。

　次に、トランポリン運動についてふれる（図3-24）。この活動は、子どもがあぐら座位、仰臥位、立位、横抱き座位等、必要に応じて支援を受け、可能な姿勢を保持しながらトランポリンに乗り、上下の揺れを感じ取る活動である。支援の際には、子どもが上下の揺れをどのように受け止めているかを慎重に観察しながら、強弱をつけたり、小刻みに足踏みしたりしている。なお、仰臥位で乗る際にはU字型クッションを2個使用し、1つは枕のように首から両脇にかけて添え自作して取り付けたマジックベルトで固定し、もう1つは両膝と股関節をやや曲げた状態で膝裏に添え、安定した姿勢で活動できるよう工夫する。次に、マット・ローラー運動についてふれる（図3-25）。この活動は、長さ1ｍにカットした建築資材のボイド管を12本並べた上にエアレックスマットを敷き、その上に子どもが伏臥位や仰臥位、あぐら座位等で乗り、前後に動きながらガタガタとする感覚を感じ取ることができる活動である。仰臥位で乗る際にはトランポリン運動同様、U字型クッションを2個使用し、安定した姿勢で活動できるよう工夫する。その他、スロー・ベンチ椅子ラジオ体操（図3-26）、マット・コロコロ運動、

玩具や楽器等を使った上肢の運動等を教室開催時には同時に行っている。また、7月、8月はプール運動（図3-27・28）を実施しており、この活動では子どもが支援者に身を委ねたり、道具を活用したりして、水にリラックスして浮くことを目的としている。この活動では、水に浮くビーズの入ったU字型のラッサルフロートクッションを使って仰臥位や伏臥位で浮いたり、支援を受けて平泳ぎのように進んだり、仰臥位になって背浮きをしたりする等、陸上では味わえない感覚を感じ取ることができる。

③本団体の抱える課題

活動の充実に向けて本団体の課題は、大きく分けて二つある。一つは「活動そのもの」についての課題であり、もう一つは「支援者」についての課題である。

▶活動内容の拡大と周知

本団体では設立以来、子どもの障害の状態に応じて独自に工夫・考案したアダプテッド・スポーツを実施してきた。現在では活動への取り組みが徐々に定着しつつあるが、参加する子どもの障害の状態の幅が広がっていることから、今後より一層、保護者や支援者と共に知恵を出し合いながら、子どもの障害の状態に応じた活動を実施・考案していきたいと考えている。そのためには、教室の運営方法や活動内容の充実に向けて保護者や支援者が話し合える場、子どもの支援方法やスポーツ活動の考案・開発について研修する場等の設定や、備品の購入・作製に係る費用の確保等について検討したい。また、本団体が開催する教室が、どのような子どもを対象に実施しているかについて地域社会に周知していくことも検討し、障害の重い子どもの運動・スポーツの可能性を伝えていきたい。

▶支援者の確保とスキルアップ

現在、登録者数は約60名にも上り、登録者全員が仕事をしながら毎月1回の教室開催日に合わせて、仕事の休暇を取ったり、都合を付けたりしながら、毎回10～20名前後の支援者に協力いただいている。今後も毎月継続して協力いただける支援者の参加率向上を目指すと共に、登録者の確保にも取り組んでいきたい。また、支援技術の向上に向けたミニ研修会や事前打ち合わせ会等の実施により、今後も専門性の高い支援者育成に努めていきたい。

保護者からは「子どもの成長に伴い外出しにくくなった」「兄弟の用事が増えた」「病気で入院が増えた」「親の介護等で忙しい」等の理由から、子どもが中学・高校の年齢になると参加が難しいという声を聞く。これらの課題を可能な限り解決しつつ、子どもが幼児・学童期の早い段階から、本団体が開催する教室に継続的に参加することにより、運動・スポーツやいろいろな生活場面等において主体的に活動できる力を伸ばすと共に、将来社会でいろいろな人と共に元気に活動できる「生きる力」を育み、健康の保持・増進、および体力向上にも努めていきたい。

（加地信幸）

おわりに

「特別支援教育時代の体育が目指すもの」

1872（明治5）年に国の文部行政として障害のある子どもに対する教育制度を含めた教育の義務化を目指した学制が発布されたが、方法論や教員の養成も未だ不十分のため、障害児教育の実現をみなかった。1878（明治11）年に京都盲唖院にて障害児の学校教育が試みに開始され、徐々に障害児教育は発展をしていったが、その後に起こった太平洋戦争時にほとんど壊滅状態となった。戦後、新たに日本国憲法、教育基本法、学校教育法と教育法規の体系が定められ、1948（昭和23）年に学年進行による感覚器障害児の教育が復活した。以来21世紀に至るまで教育法規に基づき、障害種と障害の程度によって障害児童生徒を分け、文部省をはじめ関係者の努力で訪問教育を含めほとんどの子どもたちが公教育を受けることができるようになった。しかし、戦後の教育制度が確立してから約50年を経た2000（平成12）年以降、障害児教育に新たな課題が顕在化した。すなわち、障害の重度化、重複化の問題に加え、今まで障害児教育の枠組みに組み込まれてこなかった教育上特別な配慮の必要な多数の子どもたちの存在である。文部科学省（以下、「文科省」という。）は2002（平成14）年に実施した『通常の学級に在籍する特別な教育的支援を必要とする児童生徒に関する全国実態調査』において、教育上特別な支援が必要な児童生徒が約6.3％おり、特別な配慮を受けずに通常の学級に在籍しているという調査結果を発表し、それを受け2003（平成15）年3月、『今後の特別支援教育の在り方の最終報告』をまとめ、これらの課題に対応するために新たな法整備を行い、障害種、障害の程度によって行われてきた「特殊教育」から、子どものニーズに対応した教育を施す「特別支援教育」へと教育制度の改革を行った。

体育という教科において、この変更は大きな問題を包含することとなった。すなわち、従来の単一の障害においても大きな能力差の中で授業を行ってきた教育現場に、さらに情報伝達の方法が異なる子どもも、教育手法の異なる子どもの混在で、従来よりも一層、同一の集団で授業を行うことに困難をもたらした。さらに、わが国のもつ障害児教育教員養成の問題として、通常の教員免許と障害児教育の免許とを同時に取得する教育システムの不備や、特に体育教員養成大学において、履修科目に障害児教育を必修として設置している大学がほとんどないことがある。そのことは従来から指摘されてきた、障害児教育の教員免許を持たず、ほんの数時間の介護体験実習の授業でしか障害児と接したことが無いといった程度の経験で、特別支援学校に勤務する教員が多数存在するといった教育環境が継続している。

この現状に多少なりとも示唆を与えることができればという思いのもと、本書は企画されたが、同時に、福祉施設や地域で障害のある人たちとスポーツを楽しみたいと思っている方々にどのような方法で、どのように活動プログラムを提供したらよいか、あるいは文科省の推進している総合型地域スポーツクラブにおける障害のある人を包含したクラブ運営などの例も記載し、日本全国で障害のある人がスポーツ文化を享受できるようにという思いを込めて著わされている。

2015（平成27）年、文科省は1億数千万円という予算を計上し、障害者スポーツを授業に取り入れる試みを始めた。この施策の成否は、同時に授業に携わる保健体育教員を養成する段階で、特別支援教育に関する基礎科目の必修化、特別支援学校の教員免許と保健体育免許の取得のしやすさなどを保証することが伴わないと、パラリンピックの選手を講演に招く程度の授業で終わってしまわないだろうか。

本書を活用して、簡単な道具で色々なスポーツの楽しみ方を理解し、それを足掛かりに地域の特別支援学校や福祉施設と交流が持てるまでに活動が広がることを願っている。

編者　後藤邦夫

執筆者一覧（五十音順・所属先・担当）

■ 編者

後藤邦夫	NPO法人日本知的障害者スポーツ連盟　理事長、元筑波大学大学院人間総合科学研究科　教授	

■ 執筆者　（＊とりまとめ）

阿部 崇＊	筑波大学附属大塚特別支援学校　教諭	第2章1、同2①
石飛了一	筑波大学附属大塚特別支援学校　教諭	第1章2[2]①
内田匡輔＊	東海大学体育学部　准教授	第3章1、同2[1]
長田菜美子	横浜市リハビリテーション事業団　職員	第2章2[2]、第3章2[3]
加地信幸	広島県立庄原特別支援学校　教諭	第3章2[4]
紅林 仁	東京都立品川特別支援学校　主任教諭	第2章2[4]
後藤邦夫	前掲	第1章1、第2章2[5]、おわりに
齊藤まゆみ＊	筑波大学体育系　准教授	はじめに、第1章2[1]①
佐々木高一	筑波大学附属桐が丘特別支援学校　教諭	第2章2[3]
佐々木 務	東京都立田園調布高等学校　教諭	第1章2[1]②、同2[2]⑥
原田清生	筑波大学附属視覚特別支援学校　教諭	第1章2[2]②
松浦孝明	筑波大学附属桐が丘特別支援学校　教諭	第1章2[2]④
松原 豊	こども教育宝仙大学こども教育学部　教授	第2章1
山本昌邦＊	横浜国立大学　名誉教授	第1章2[2]⑤
行實鉄平	徳島大学総合科学部　准教授	第3章2[2]
渡邊明志	筑波大学附属聴覚特別支援学校　教諭	第1章2[2]③

特別支援教育時代の体育・スポーツ
©Goto Kunio, 2015　　NDC375 ／vii, 190p ／26cm

初版第1刷発行 ─────── 2016 年 2 月 10 日

編者 ───────	後藤邦夫
発行者 ───────	鈴木一行
発行所 ───────	株式会社大修館書店

　　　　　　　〒113-8541　東京都文京区湯島 2-1-1
　　　　　　　電話 03-3868-2651（販売部）　03-3868-2299（編集部）
　　　　　　　振替 00190-7-40504
　　　　　　　［出版情報］http://www.taishukan.co.jp/

装丁・本文デザイン・組版 ─── 島内泰弘（島内泰弘デザイン室）
カバー・本文イラスト ───── 高野真由美（アート・ワーク）
印刷所 ─────── 横山印刷
製本所 ─────── ブロケード

ISBN978-4-469-26786-0　Printed in Japan

Ⓡ本書のコピー、スキャン、デジタル化等の無断複製は著作権法上での例外を除き禁じられています。本書を代行業者等の第三者に依頼してスキャンやデジタル化することは、たとえ個人や家庭内での利用であっても著作権法上認められておりません。

21世紀スポーツ大事典
Encyclopedia of Modern Sport

スポーツにかかわる
すべての人の知識の拠り所

概念、歴史、ルール、技術・戦術、オリンピックはもちろん、人種、ジェンダー、障がい者をはじめ、経済、政策、倫理など、スポーツにかかわるさまざまな分野からスポーツ事象を解説。

スポーツの"いま"を知るための決定版！

編集主幹 中村敏雄

髙橋健夫

寒川恒夫

友添秀則

● B5判・上製・函入
1,378頁

定価＝
本体32,000円＋税

978-4-469-06235-9

スポーツの"いま"をこの一冊に網羅

＊体育・スポーツ界の泰斗19名を編集委員として、各分野の第一線の約400名が執筆。
＊グローバルなものとしてスポーツが認識された1900年以降に焦点を当てた、かつてない、最大規模のスポーツ大事典。比較的新しい分野である「女性スポーツ」や「障がい者のスポーツ」「倫理」などの事項も収録。
＊国際大会が行われる主要なスポーツ種目では、1900年以降の技術・戦術の変遷を軸に紹介。

高校生・大学生から専門家まで

＊「スポーツと○○」といった分かりやすいテーマごとに章立てし、項目を解説。
＊項目構成にすることで、知っておきたい内容を体系的に整理して収録。
＊スポーツ種目は、五輪・パラリンピックでの競技を含め、約200種目を五十音順に配列。

大修館書店 ☎03-3868-2651(販売部) http://www.taishukan.co.jp